财务管理理论与实践研究

张　娜　李艳玲　李　昂　赵文文　著

中国建设科技出版社有限责任公司
China Construction Science and Technology Press Co., Ltd.
北　京

图书在版编目（CIP）数据

财务管理理论与实践研究/张娜等著. --北京：
中国建设科技出版社有限责任公司，2025.6.
ISBN 978-7-5160-4478-0

Ⅰ.F275

中国国家版本馆 CIP 数据核字第 20251XP321 号

财务管理理论与实践研究
CAIWU GUANLI LILUN YU SHIJIAN YANJIU
张　娜　李艳玲　李　昂　赵文文　著

出版发行：中国建设科技出版社有限责任公司
地　　址：北京市西城区白纸坊东街 2 号院 6 号楼
邮　　编：100054
经　　销：全国各地新华书店
印　　刷：北京印刷集团有限责任公司
开　　本：710mm×1000mm　1/16
印　　张：11.25
字　　数：160 千字
版　　次：2025 年 6 月第 1 版
印　　次：2025 年 6 月第 1 次
定　　价：68.00 元

本社网址：www.jskjcbs.com，微信公众号：zgjskjcbs
请选用正版图书，采购、销售盗版图书属违法行为

前　言

在现代商业活动中，财务管理犹如企业运营的核心枢纽，其理论与实践的有效结合对于企业的生存与发展起着决定性的作用。理论为实践提供了科学的指导框架，使得财务管理实践有章可循、有据可依，避免了决策的盲目性和随意性，而实践则是理论的源泉和检验场，实践中出现的新问题、新情况不断推动财务管理理论的发展和创新。由于企业竞争越来越激烈，因此企业需要不断提升自身综合实力。激烈的竞争对企业各项管理工作提出诸多新要求，财务管理工作面临着新的挑战。这促使财务管理理论不断完善，以适应新的实践需求。

本书是关于财务管理理论与实践的著作。首先概述了财务管理的内容，之后从投资决策、收益与利润、固定资产与无形资产、流动资产管理方面进行了研究，最后阐述了财务分析与业绩评价。旨在帮助企业更好地履行职能，完成事业发展计划，为企业提供科学、合理的财务决策依据，助力企业实现价值最大化。

书中难免有错漏之处，恳请广大读者多提宝贵意见，以便于本书的修改和完善。

作　者

2025 年 1 月

前　言

目　录

第一章　财务管理概述

第一节　财务管理的概念

一、财务管理的定义

财务管理是一种经济管理活动，它根据特定的准则，采用特定的量化分析手段，从价值的角度来组织企业的财务行为，并处理企业之间的财务关系，这是企业管理的一个重要组成部分。为了深入理解财务管理的核心思想，我们首先需要对企业的财务行为和由此产生的财务联系有深入的了解。

（一）企业财务活动

企业的财务活动主要是指那些以现金为主要收入和支出的资金流动活动的统称。企业的财务活动集合了企业所有的生产和经营活动的实质和内容，直观地表现为资金的流入和流出，包括资金的筹集、投放、使用、回收和分配等一系列的活动，企业的财务活动主要包括以下四个方面。

1．筹资活动

在商品经济的背景下，任何经济组织在进行生产和经营活动时，都必须具备足够的资金，并能够独立地管理和使用这些资金。企业获得的资金和由此引发的各种经济行为共同组成了企业的筹资过程。具体而言，当企业通过发行股票、发行债券或吸纳直接投资等多种手段来筹措资金时，这将触发资金流向企业，这种现象被称为“资金流入”；当一个企业在筹集资金的过程中支付各种费用、向投资者发放股利、向债权人支付债务利息或在到期时偿还债务本金，这种情况被称为“资金流出”。上面提到的各种由于筹资活动而产生的财务往来都被称为筹资活动。

2. 投资活动

企业运营的终极目标并不是通过多种途径来募集大量资金。当企业开始募集资金时，他们面临的挑战是如何有效地利用这些资金，以追求最大的经济回报，并提高企业的整体价值。企业在资金使用上主要涉及两个核心方面：就是将资金分配到长期或短期的资产中。把资金用于长期的资产被称作投资行为；资金在短期资产中的周转被称作资金营运行为。

公司的投资行为可以大致分为广义与狭义两类。狭义上说，投资活动主要是指对外的投资行为，涵盖了对外股权性投资和债权性投资这两大类。广泛意义上的投资行为不仅涵盖了对外的投资，还包括了对内的投资，这主要体现在对固定资产的投资和对无形资产的投资等方面。当公司筹集的资金被用于购置各类长期资产或有价证券时，资金从公司流出；当一个企业决定处置其长期资产或通过转让有价证券来回收其投资时，资金流入该企业。上面提到的由于资金注入导致的财务往来活动被称为投资行为。

在企业中，筹资与投资活动并不是相互独立的，它们之间存在着相互依赖和辩证统一的关系。如果没有筹资活动，那么投资活动就会失去其资金来源；投资行为是筹资行为的核心目标，它确保了筹资活动的经济回报。如果没有投资活动，筹资活动将变得毫无意义，并被视为不具有经济效益的行为。

3. 资金营运活动

企业的短期资金流转是与其日常的生产和经营活动相伴随的。具体的操作方式是，企业利用其资金来购买所需的材料和物资，然后由劳动者对这些材料和物资进行进一步的加工，直到它们被转化为可以销售的商品。在此过程中，企业还需要向劳动者支付相应的劳务报酬，并承担所有相关的期间费用。当公司使用资金来支付物料、工作和费用的消耗时，可能会导致资金从公司流出。最终，公司可以通过销售和货款结算来销售商品，从而实现资金的回流。在这一过程中，如果企业面临临时资金短缺，无法满足运营成本时，他们还可以通过借款来筹集流动资金，这也可能使得资金流入公司。正如之前提到的，由于公司的常规运营活动使各类资金流入流出的活动被称为资金营运活动。

4. 利润分配活动

在其经营活动中，企业不仅有可能实现盈利，还可能通过对外投资获得相应的投资回报，这意味着企业成功地增加了资金价值或获得了投资回报。公司的盈利应依照既定流程进行分配。首先，我们需要按照法律规定纳税；其次，这些资金将被用于补偿亏损，并用于提取多余的公积金和公益金；最后，我们需要为投资者分派盈利。这类因追求利润并对其进行合理分配所触发的各类资金流入流出行为，统称为利润分配活动。

上面提到的四个财务行为并不是独立或无关的，它们之间存在相互的依赖和限制。正因为上述四个既相互关联又存在差异的领域，它们共同组成了一个完整的企业财务流程。这四个领域正是财务管理的核心内容，分别是企业筹资管理、企业投资管理、营运资金管理以及利润分配管理。

（二）企业财务关系

企业财务关系描述的是企业在进行财务活动时与相关各方产生的经济利益联系。企业在进行筹资、投资、营运和利润分配等财务活动时，由于交易双方在经济活动中的地位不同，他们所拥有的权利、承担的义务和追求的经济利益也不同，这形成了各种各样、各具特色、不同性质的关系，可以总结为以下几个方面。

1. 企业与投资者之间的财务关系

企业在接受投资者的投资后，形成了企业的主权资本，并按照特定的标准将税后利润分配给投资者，作为投资者的投资回报；投资者将资金注入企业，从而获得企业资产的所有权，进而参与企业的生产、经营、运营，并有权根据持有的权益份额从税后利润中获得投资回报。在企业与投资者的财务关系中，我们可以看到所有权性质上的经营权与所有权的联系，或者更确切地说，是所有权性质上的资金接受与投资的关系。

2. 企业与被投资者之间的财务关系

企业有能力将其在生产和经营过程中未使用或与生产流程无关的资金重新分配给其他企业，从而实现对外的股权投资。随着经济一体化进程的加深，企业之间的横向合作逐渐展开，使得企业之间的资金流动越来越频繁。企业在向外部单位进行投资时，必须严格按照合同和协议的条款，准时并全额地履行其出资责任，从而获得相应的股权，并参与被投资企业的利润分配。接受投资的企业在获得资金后，需要根据所获得的税后盈利和既定的收益分配计划，在各个投资者之间进行收益的分配。在所有权性质上，企业与其投资对象之间的财务联系可以被视为投资和接受资金的关系。

3. 企业与债权人之间的财务关系

当企业从债权人处借入资金以形成债务资金时，企业应根据借款协议或合同条款，准时支付利息作为对债权人投资的回报，并在规定期限内偿还债务本金；根据合同的条款，债权人应及时将资金借给企业，作为企业的债权人，他们有权根据合同和协议获得利息和本金的偿还。不同于投资者，债权人从税前的盈利中获得了出资的回报；投资者所获得的投资回报是基于税后的盈利，但这一数字在投资过程中并没有被明确设定，而是基于企业税后盈利的数量和企业利润的分配比例来决定的。企业与其债权人间的经济往来可以归类为债务和债权的关系。

4. 企业与债务人之间的财务关系

企业不仅有权从债权人那里借款以形成资金来源，还可以通过购买债券、提供贷款或维护商业信誉等多种方式将资金借给其他相关利益群体。一旦企业将资金借出，就有权要求债务人按照事先约定的条件来偿还本金和利息。在企业与这些利益相关的群体之间，形成的财务联系主要体现在债权和债务的关系上。

5. 企业与内部职工之间的财务关系

通过签署劳务合同，企业与其内部员工建立了稳固的财务联系。这主要体现为，公司接受员工提供的服务，并根据特定的标准从营业收入中支付给员工工资、奖金、津贴、退休保险、失业保险、医疗保险和住房公积金等。除此之外，企业还可以根据其业务扩展的需求，为员工提供学习和培训的机会，以提升员工的专业技能或管理能力，从而为企业创造更多的经济效益；员工根据合同的条款为公司提供服务，并要求相应的劳务报酬。这类企业与其员工之间的经济联系是基于劳动成果的分配模式。

6. 企业内部各单位、各部门之间的财务关系

在企业内部，各个单位和部门在其生产和经营活动中的角色、职责和分工都是独特的。在实施内部经济核算和经营责任制的背景下，这些单位和部门都有各自独立的资金配额或可以独立使用的费用上限。当这些单位和部门之间互相提供产品或劳务时，他们需要对交易的对象，即劳务和产品进行定价和结算。此外，在企业内部，各个单位、各个部门以及企业的财务部门可能会涉及各种经济活动，如借款、报销、代收和代付等。从这个角度看，企业内部的各个单位和部门之间会形成某种财务联系，这种财务联系是企业内部资金结算的一部分，它反映了企业内部各单位和部门之间的利益关系。

7. 企业与税务机关之间的财务关系

企业在进行生产和经营活动时所获得的所有收入都必须根据税法规定合法纳税，并据此建立与国家税务机关的财务关系。每一家企业都必

须按照法律规定纳税，以确保国家的财政收益得以实现，并满足社会的公共需求。因此，在企业与国家税务机关的财务关系中，我们可以看到在合理规划税收策略的基础上，依法纳税和征税的权利与义务之间的联系。

二、财务管理的特点

由于企业的生产和经营活动相当复杂，这决定了企业管理活动涵盖了生产和经营活动的各个方面。具体涵盖了多个方面，包括但不限于生产管理、人力资源管理、设备维护管理、销售流程管理、物业维护管理以及财务管理等。各种管理任务之间存在着紧密的相互联系和配合，它们在科学的分工基础上也各具特色，每一个管理任务都与财务管理紧密相连。财务管理的独特性主要体现在以下几个方面。

（一）财务管理是一种价值管理

在实施分工和分权管理的过程中，企业管理逐渐形成了一系列专业化的管理活动。这些活动各自有其特定的重点，包括但不限于使用价值管理、价值管理、劳动要素管理以及信息管理等方面。财务管理主要是对企业资金流动和由此产生的财务关系的管理，它从价值的视角出发，对企业的运营活动进行细致的管理。显然，与其他管理行为相比，财务管理的最突出特性是它属于价值管理的范畴。

（二）财务管理是一项综合性的管理工作

财务管理的核心任务是通过价值观念，对公司的经济资源、生产和经营流程、战略方向以及生产和经营的成果进行合理的分配、策划、调整和监控。这旨在提高公司的运营效率，制定与公司生产和经营特点相匹配的财务策略，从而增强公司的经济回报，并确保公司所有者的财富持续增长。因此，财务管理不仅是企业管理中的一个独立领域，同时也是一项涉及多方面的管理任务。

（三）财务管理与企业各方面的管理工作具有广泛的联系

财务管理是一种涉及组织财务活动和处理财务关系的综合性管理活

动，其主要目标是管理企业的所有财务活动和由此产生的各种财务关系。因此，在公司的生产和经营活动中，所有与资金流入流出相关的事务都与财务管理紧密相连。在企业管理的实际操作中，企业内的各个职能部门的运作都会在不同程度上影响资金的流入和流出。这主要体现在各个职能部门在使用资金的过程中与财务部门建立了联系，财务部门有责任对各个职能部门的财务收入和支出进行预算和监管，以确保各部门能够合理地分配和使用资金，从而节约资金并提高资金的使用效率。因此，财务管理活动与企业管理的多个层面有着广泛的互动和联系。

（四）财务管理能够迅速反映企业的生产经营状况

在公司的财务管理流程中，通过策划、组织、调整和监控来全面管理公司的财务活动。在确定了合适的财务策略后，进行决策，并在财务规划的过程中为财务决策的执行提供了评估和分析的基础。因此，在企业的管理流程中，决策的合理性、经营的适当性、技术的优越性以及生产和销售的流畅性等方面，都可以通过财务分析指标和选定的比较标准来迅速地进行量化和评估，从而准确地反映出企业在生产和经营方面的实际情况以及所取得的财务成绩。因此，财务部门有责任通过对财务报表的分析，及时向企业管理层报告财务分析指标的最新变化，以便决策层能够及时了解企业在各个方面的运营状态和财务表现，从而更有效地实现财务管理的目标。

第二节 财务管理的目标

由系统论可知，正确的目标是系统良性循环的前提条件，企业财务管理的目标对企业管理系统的运行也具有同样的意义。为此，应首先明确财务管理的目标。

一、财务管理目标的概念

企业财务管理的目标是满足企业管理对财务管理的期望，确保在企业的财务管理过程中达到预先设定的成果。它代表了在某一特定的财务环境下，通过策划财务行为和管理财务关系所追求的核心目标。财务管理过程的有效性最终可以通过理财目标来衡量。

企业财务管理目标具有以下特征：

（一）财务管理目标具有相对稳定性

随着宏观经济结构和企业经营策略的演变，以及人们知识的不断深化，财务管理的目标也可能会有所转变。然而，宏观经济结构和企业运营模式的转变是逐步进行的，仅在达到某一特定发展阶段之后才可能出现质的飞跃；当人们的理解达到一个新的层次时，他们也需要一个被广泛接受并达成共识的过程。因此，从总体上看，财务管理的目标被视为对客观规律的一种总结，并且它是相对恒定的。

（二）财务管理目标具有可操作性

财务管理的目标是实施财务目标管理的基础，它需要具备组织动员的功能，能够根据这些目标来制定和分解经济指标，实现员工的自我控制，并进行科学的绩效评估，因此，财务管理目标必须是可操作的。更明确地说，它具备可度量、可追溯性和可控性的特点。

（三）财务管理目标具有层次性

财务管理的目标不仅是确保企业财务管理系统顺畅运作的基础，而且它自身也构成了一个完整的系统。众多的财务目标组成了一个复杂的网络，这个网络揭示了这些目标间的深层次联系。企业财务管理目标的分层特性，主要是由财务管理的内容和手段的丰富性，以及它们之间的层次性联系所决定的。

鉴于企业所面临的宏观经济背景的差异，以及企业管理目标的不同评估标准和价值导向，企业的财务管理目标也呈现出各自的特点和内容。以下列举了在财务管理的理论与实践领域中，几种最具代表性的看法。

二、以利润最大化为目标

西方微观经济学将利润最大化作为其核心的理论支撑。在过去，西方的经济学者主要采用利润最大化这一准则来对企业的行为和表现进行深入的分析和评估。这一理论主张利润是企业新生成价值的代表，利润的数量越多，则意味着企业价值的累积也越多，从而更接近于企业的管理目标。

以“利润最大化”作为财务管理目标的原因：

一是从整个社会的视角来看，人们从事生产和经营活动的最终目标是为了创造更多的财富，同时企业也通过生产更多的剩余产品满足消费者的消费需求。在经济领域，衡量产品剩余量的价值标准被称为利润额。

二是在自由竞争的资本市场中，一定量资本的最终使用权归使用效率最好的企业，即获利最多的企业。

三是利润是企业补充资本，扩大生产经营规模的资金源泉，利润越多，企业的自我积累能力越强，越具有竞争实力。

因此，将利润最大化作为财务管理的目标，在特定的条件下，对于社会经济的持续发展和企业管理目标的达成具有积极的推动作用。然而，在实际操作中，“利润最大化”的目标却暴露出了不少不足：

一是没有考虑利润实现的时间，没有考虑项目收益的时间价值。例如有 A、B 两个投资项目，其利润都是 10 万元，如果不考虑资金的时间价值，则无法判断哪一个更符合企业的目标。但如果说 A 项目的 10 万元是去年已赚取的，而 B 项目的 10 万元是今年赚取的，显然，对于相同的现金流入来说，A 项目的获利时间较早，也更具有价值。

二是没有考虑风险问题。高风险常常与高利润相伴随，如果企业为了追求最大的利润而选择高风险的投资或过度借贷，那么其经营和财务风险将会显著增加。

三是没有考虑利润和投入资本的关系。片面地追求利润最大化，可能会使企业在制定政策时过于重视“近期利益”而忽视“远期利益”，引发决策上的“短视行为”，导致企业只顾实现目前的短期利润最大化，忽视了企业的长远发展。

三、以每股收益最大化为目标

这一观点主张，在企业的运营活动中，资金是一种稀缺的经济资产。因此，在进行企业财务管理时，还需要特别关注资金运营效率的优化。也就是说，应该将企业所获得的盈利与股东（所有者）的资本投入相结合，以实现“每股收益最大化”的财务目标。“每股收益最大化”这一目标成功地解决了“利润最大化”目标中存在的问题，那就是它考虑了收益与支出的比例关系，并强调了资金的高效运作，但这个理财目标仍然有其不足之处：

一是没有考虑到资金的时间价值。

二是没有考虑取得利润时所承担的风险。

三是不能避免决策上的“短视行为”。

四、以股东财富最大化为目标

股东财富最大化意味着通过在财务方面进行合理的管理，为股东创造最大的经济利益。在股份经济的背景下，股东的财富是由其持有的股票数量和股票市场的价格共同决定的。其中，股票的数量是基于股东最初的资本投入来决定的，这并不能完全反映出企业未来经营活动为其带来的实际利益。因此，股东的财富最大化最终也会反映在股票的价格上。

股票价格的波动反映了投资者对公司价值的公正评估。评估股东财富的准则——每股的价值高低，揭示了资本与盈利之间的紧密联系；它受到每股盈利的影响，这体现了每股盈利的规模；它的风险程度会受到企业风险的影响，并能体现每股盈利的风险水平。

综上所述，与前两种财务管理目标相比，“股东财富最大化”有其显著的优点：

一是概念清晰，股东财富最大化可以用股票市价来计量。

二是考虑了资金的时间价值。

三是科学地考虑了风险因素，因为风险的高低会对股票价格产生重要影响。

四是最大化股东的财富在某种程度上可以帮助企业避免追求短期利润，因为当前的利润不仅会对股票价格产生影响，预计未来的利润也会对企业的股票价格产生显著的影响。

五是股东财富最大化目标比较容易量化，便于考核和奖惩。

但是，这一理财目标也有其缺点：

一是该方法仅对上市公司有效，而对于非上市的公司则显得不太适用。考虑到当前的国情，上市公司并不一定构成我国企业的核心部分，因此，在实际操作中，追求股东财富的最大化并不是我国财务管理的理想目标。

二是股东财富最大化要求金融市场是有效的。鉴于股票市场的碎片化和信息的不对等，为了追求最大的个人利益，经理们可能会牺牲股东的权益来作出相反的决策。

三是股票的价格不仅受到财务状况的制约，还会受到其他多种因素的作用，因而，股票价格并不能真实地展现一个企业的经营成果。因此，追求股东财富最大化的目标遭到了学术界的质疑。

第三节　财务管理的环境

财务管理的环境指的是那些对企业的财务行为和管理产生深远影响的各种内部和外部条件。经过对环境的深入分析，企业的财务行为能够更好地适应、应对和利用外部环境，从而更有效地达成其财务管理的目标。

根据企业财务管理环境的空间分布，它可以被划分为内部的财务环境和外部的财务环境。企业的内部财务环境主要涵盖了企业的资本实力、生产的技术条件、经营管理的水平以及决策者的素质这四个核心方面。企业内部的财务环境是一个关键因素，它允许企业在宏观层面上实施各种控制和变革措施。外部的财务环境是企业外部环境的一部分，它对企业的财务行为产生的影响，无论是有形的硬环境还是无形的软环境，企业都很难控制和改变，更多的是适应和顺势而为。因此，这一章主要聚焦于外部的财务状况。企业外部的财务环境受到多种因素的影响，其中法律、经济以及金融市场的环境是最为关键的。

一、法律环境

财务管理的法律背景指的是当企业与外界建立经济联系时，必须遵循的各类法律法规和条例。市场经济建立在法治的基础上，所有企业的经济行为都是在特定的法律和法规约束下进行的。一方面，法律明确规定了企业在进行所有经济活动时必须遵循的准则，进而对企业的经济活动施加限制；另一方面，法律同样为企业在进行各种经济活动时提供了合法的保障。在企业的财务管理过程中，应当遵守的法律和法规主要涵盖了以下几点：

（一）企业组织法

在市场经济中，企业扮演着核心角色，而不同的组织模式下，企业所需遵循的法规也各不相同。根据国际通行的做法，企业可以被分类为独资企业、合伙企业以及现代公司制企业，并且各个国家都有专门的法律来对这三种类型的企业行为进行规范。因此，在进行财务管理的过程中，不同组织结构的企业必须对其组织方式对财务管理产生的影响有深入的了解，这样才能做出合适的财务决策。

（二）税收法规

税法是税收法律制度的总称，是调整税收征纳关系的法规规范。与企业相关的税种主要有以下五种：

1. 所得税类

包括企业所得税、个人所得税。

2. 流转税类

包括增值税、消费税、营业税。

3. 资源税类

包括资源税、土地使用税、土地增值税。

4. 财产税类

包括财产税、房产税、城市房地产税、车船使用税。

5. 行为税类

包括印花税、屠宰税。

（三）财务法规

企业财务法规制度是规范企业财务活动，协调企业财务关系的法令文件。我国目前企业财务管理法规制度有《企业会计准则》《企业财务通则》和企业内部财务制度等。

二、经济环境

财务管理，作为微观层面的管理行为，与其所在的经济管理结构、经济布局、经济增长情况以及宏观经济调节策略等经济背景有着紧密的联系。

（一）经济管理体制

经济管理体制可以定义为，在特定的社会制度背景下，生产关系的具体表现形式以及用于组织、管理和调控国民经济的各种体系、制度、方法和手段的统称。这一体制可以进一步细分为宏观经济管理体制和微观经济管理体制两大类别。宏观经济管理体制描述的是国家宏观经济的核心制度，而微观经济管理体制则涉及一个国家的企业结构以及企业与政府、企业与所有者之间的相互关系。宏观经济管理体制对企业财务行为的影响主要表现在企业必须服从并服务于宏观经济管理体制，确保在财务管理的目标、财务主体、财务管理的手段和方法等方面与宏观经济管理体制的要求保持一致。微观经济管理体制对企业财务行为的影响与宏观经济体制是相互关联的，主要表现在如何妥善处理企业与政府、企业与所有者之间的财务关系上。

（二）经济结构

这通常是指从多个不同的视角来审视社会生产和再生产的各个组成部分，这包括但不限于产业布局、地域分布、资源分配以及技术配置等。企业的财务行为在很大程度上受到经济结构的影响，尤其是在产业结构方面。一方面，产业结构在某种程度上会对财务管理的本质产生影响，不同的产业需要不同的资金规模或投资规模，而不同的产业也需要不同的资本结构；另一方面，随着产业结构的不断调整和变化，财务管理也需要作出相应的调整和变更，否则企业的日常财务操作将会变得异常困难，财务目标也将难以达成。

（三）经济发展状况

任何国家的经济发展都不可能呈长期的快速增长之势，而总是表现为“波浪式前进，螺旋式上升”的状态。当经济发展处于繁荣时期，经济发展速度较快，市场需求旺盛，销售额大幅度上升。为了增加生产规模，企业需要加大投资力度，相应地也需要筹措大量资金以满足投资增长的需求。在经济发展进入衰退期时，经济增长速度会减缓，甚至可能出现负增长，这会导致企业的产量和销售量减少，投资大幅减少，资金有时会变得紧张，有时又会闲置，从而使财务运作面临较大的困难。此外，在经济增长的过程中，通货膨胀对企业的财务管理产生了显著的负面效应，这主要体现在：资金的占用急剧上升；随着利率的增长，企业筹集资金的成本也随之上升；随着证券价格的降低，筹集资金变得更为困难；存在利润的虚增和资金的流失等问题。

（四）宏观经济调控政策

政府拥有调控宏观经济增长的职责。在特定的时间段内，为了平衡经济增长，政府经常采用计划、财政、金融等多种策略，为国民经济的整体运作及其子系统提供具体的政策建议。这些宏观经济的调控策略对公司的财务管理产生了直接的效果，公司必须严格遵循国家的相关政策，否则将面临巨大的困难。举例来说，当国家实施紧缩政策时，这可能会导致公司的现金流减少，从而引发资金短缺和投资减少的问题。相对而言，当国家实施扩张性的经济调控措施时，企业在财务管理方面可能会遭遇与之完全相反的状况。

三、金融市场环境

所谓的金融市场，其实是资金募集的地方。广泛意义上的金融市场是一个涵盖所有资本流动（包括实物资本和货币资本）的场所，其交易的目标包括货币贷款、票据的承兑和贴现、有价证券的交易、黄金和外汇的买卖、办理国内外的保险、生产资料的产权交换等。狭义上讲，金融市场主要指的是有价证券交易市场，也就是股票和债券的买卖与发行场所。

（一）金融市场的分类

1. 按交易期限分

根据交易的持续时间，资金市场可以被划分为短期和长期两大类。短期资金市场指的是期限不会超过一年的金融交易场所，由于短期有价证券容易转化为货币或被用作货币，因此也被称为货币市场。所谓的长期资金市场，是指那些期限超过一年的股票和债券交易场所。股票和债券的发行主要是为了购买固定资产和其他资本商品，因此也被称为资本市场。

2. 按交易性质分

根据交易的性质，可以将其分类为发行市场与流通市场。发行市场是一个专门用于交易新的证券、票据和其他金融工具的转移市场，也被称为初级市场或者一级市场。流通市场是一个专门用于交易已经上市的旧证券或票据等金融工具的转移市场，也被称为次级市场或二级市场。

3. 按交易对象分

按交易对象分为同业拆借市场、国债市场、企业债券市场、股票市场和金融期货市场等。

4. 按交割时间分

根据交割的时间，可以将其分类为现货市场与期货市场。现货市场定义为一个交易环境，其中买家和卖家在交易完成后立即或在几天内完成付款，而卖家则提交证券。期货市场定义为一个交易场所，其中买家和卖家在达成交易后，会在约定的未来某一特定日期进行交割。

（二）金融市场与企业财务活动

企业进行投资活动所需的资金除了所有者的投入之外，主要是从金融市场获得的。金融政策的调整无疑会对企业的筹资和投资产生影响。因此，对于企业来说，金融市场的环境是最关键的环境要素，它对企业的财务行为产生了主要的影响：

1. 金融市场为企业提供了良好的投资和筹资的场所

在企业急需资金的情况下，它们可以在金融市场上寻找最适合的筹资方式；当企业有未使用的资金时，它们可以在市场上选择最适合的投资策略，为自己的资金找到一个新的出路。

2. 金融市场为企业的长短期资金相互转化提供方便

企业有能力通过金融市场将其持有的长期资金，例如股票和债券，转化为短期资金，或者可以通过金融市场购买股票和债券等，从而将短期资金转变为长期资金。

3. 金融市场为企业财务管理提供有意义的信息

金融市场通过利率 、股价、汇率等信号为企业财务管理提供关键指引。这些价格波动直观反映市场资金供需状况与风险偏好，助力企业优化筹资成本、科学制定投资决策、合理配置资金，进而有效规避市场风险，实现财务稳健与价值增长。

（三）我国主要的金融机构

1. 中国人民银行

中国人民银行是我国的中央银行，它代表政府管理全国的金融机构和金融活动，经理国库。它的主要职责为：拟定金融改革和发展战略规划，起草有关法律和行政法规草案、依法制定和执行货币政策、完善金融宏观调控体系等。

2. 政策性银行

政策性银行是指由政府设立，以贯彻国家产业政策、区域发展政策为目的，不以营利为目的的金融机构。我国目前有三家政策性银行：国家开发银行、中国进出口银行和中国农业发展银行。

3. 商业银行

商业银行是以经营存款、放款、办理转账结算为主要业务，以营利为主要经营目标的金融机构。商业银行没有货币的发行权，业务主要集中在经营存款和贷款，存贷款之间的利差就是商业银行的主要利润。我国商业银行有：国有独资商业银行、股份制商业银行、城市商业银行、农村商业银行和邮政储蓄银行。

4. 非银行金融机构

非银行金融机构是以发行股票和债券、接受信用委托、提供保险等形式筹集资金，并将所筹资金运用于长期性投资的金融机构。我国主要的非银行金融机构有：保险公司、信托投资公司、证券机构、财务公司、金融租赁公司等。

第四节　财务管理的原则

财务管理原则，也被称为理财原则，是指导企业进行财务管理的核心理念或准则。它代表了人们对财务行为的普遍和理性的理解，并作为连接理论与实践的桥梁，已被实践所验证，并得到了大多数财务管理者的认同。它构成了财务理论和决策的基石。

一、系统原则

在财务管理的过程中，从筹集资金的初始阶段到最终的资金回收，它经历了资金的筹集、投放、回收和分配等多个关键步骤。这些步骤之间存在紧密的联系和互动，共同构成了一个完整的体系，并展现出系统性的特点。因此，为了确保财务管理工作的高效进行，我们必须从财务管理系统的内部与外部联系，以及各组件之间的协同和一致性出发，这便是财务管理的核心原则。在进行财务管理时，应用系统原则是核心，它在管理过程中展现了系统的基本属性。

一是系统具有目的性。

二是系统具有整体性。只有整体最优的系统才是最优系统，各财务管理系统必须围绕整个企业理财目标进行。

三是系统具有层次性。在企业资源配置方面，应注意结构比例优化，从而保证整体优化。

四是系统具有环境适应性。在财务管理的背景下，我们必须确保有足够的灵活性来应对环境的持续变化。系统原则被视为财务管理的核心原则，在实际的财务管理操作中，如分级分口管理、目标利润管理以及投资项目的可行性分析，都是基于这一核心原则来执行的。

二、平衡原则

在财务管理中，要力求使资金的收支在数量上和时间上达到动态的协调平衡，这就是财务管理的平衡原则。资金收支动态的平衡公式为：

目前现金余额＋预计现金收入－预计现金支出＝预计现金余额

如果预测的现金余额大大低于预期的现金余额，那么应该积极筹集资金，以弥补现金短缺；如果预测的现金余额大大超过了预期的现金余额，那么应该积极地组织还款或投资活动，以确保资金的收支能够保持动态的平衡，从而实现收支相抵和略有结余的目标。

在财务管理中，平衡原则被视为一个核心原则，而财务管理的整个流程都是为了追求这种平衡。在财务管理的实际操作中，无论是现金的流入流出计划、公司的证券投资选择还是筹资的数量决策，都应遵循这一核心原则。

三、弹性原则

在财务管理中，必须在追求准确和节约的同时，留有合理的伸缩余地，这就是财务管理的弹性原则。

在财务管理中，之所以要保持合理的弹性，主要是因为这几个方面：

一是财务管理所处的环境充满了变数和复杂性，而企业往往缺少全面的管理和控制手段；

二是企业财务管理人员的素质和能力也不可能达到理想的境界，因而，在管理中可能会出现失误；

三是财务预测、财务决策、财务计划都是对未来的一种大致的规划，也不可能完全准确。为此，就要求在管理的各个方面和各个环节保持可调节的余地。

在财务管理过程中，弹性原则是一个必须遵守的基本准则。在进行财务管理时，只有确保所有子系统都具备适当的灵活性，财务管理系统的总体稳定性才能得到保障。在财务管理的实际操作中，预留一定数量的现金和存货作为保险储备，并在财务计划编制过程中预留一定的灵活性，都是弹性原则在实际应用中的体现。

四、比例原则

在财务管理中，除了对绝对数量进行详细的规划和控制之外，还需要通过分析各个因素之间的比例关系来识别管理过程中可能存在的问题，并据此采取适当的解决措施，以使这些比例更加合理，这就是财务管理的比例原则。

在财务管理中，比例原则被视为一个关键的准则。在财务管理的实际操作中，无论是在财务分析的比率分析、企业筹资的资本结构决策，还是在企业投资的投资组合决策中，都必须严格遵循这一核心原则。

五、优化原则

财务管理过程是一个不断地进行分析、比较和选择，以实现最优的过程，这就是财务管理的优化原则。

在财务管理中贯彻优化原则，主要包括如下几方面内容：

一是多方案的最优选择问题；

二是最优总量的确定问题；

三是最优比例关系的确定问题。

优化原则是财务管理的重要原则，财务管理的过程就是优化过程。如果不需要优化，管理就失去了意义。

第二章　投资决策管理

第一节　企业投资决策概述

一、企业投资的意义

企业投资可以理解为公司对其现有资金的一种利用方式，例如投资于经营资产、购置金融资产或获得这些资产的权益，其核心目标是在未来的一段时间里获得与风险匹配的回报。在市场经济的背景下，企业是否能够将募集到的资金有效地投入高回报、快速回收和低风险的项目中，这对企业的长期生存和持续发展具有至关重要的意义。

一是为了达到财务管理的目标，企业的投资是至关重要的，因此需要实施多种策略来提高盈利并减少潜在风险。如果企业希望实现盈利，它们必须进行资本投入，并在这一过程中实现盈利。

二是企业投资是公司生产发展的必要手段。在当前科技和社会经济飞速进步的背景下，企业在进行简单的再生产或扩大再生产时，都需要进行适当的资金投入。如果想要保持简单的再生产，就必须及时更新所使用的机器设备，对产品和生产工艺进行改进，不断提升员工的科学技术水平等；为了达到扩大再生产的目标，我们必须进行厂房的新建和扩建，增加机械设备，扩充员工队伍，并提升员工的整体素质等措施。

三是企业投资是公司降低经营风险的重要方法。当公司将资金集中于生产和经营的核心或弱点时，它可以确保各种生产和经营能力得到充分的支持和平衡，从而构建出更为强大的综合生产实力。例如，将资金投向多个不同的行业并进行多样化的经营策略，可以进一步提高公司的销售和盈利稳定性。这些建议都是减少公司运营风险的关键策略。

二、企业投资分类

企业投资按其对象可以划分为金融性资产投资和生产性资产投资。

金融性资产的典型表现形式是所有权凭证，例如股票和债券。正因为如此，金融资产也被称为“证券”。证券投资人提供的资金交给企业之后，企业再投资于生产性资产。证券投资是一种间接投资，投资人把现金交给别人支配并换取某种所有权凭证，他们已经失去了对资产的实际控制权。

生产性资产指的是企业在其生产和经营过程中所需的各种资产。像机械设备和存货这样的资产，构成了企业进行生产和经营活动的核心条件。利用这些资产，企业不仅可以提高其价值，还能为其股东创造更多的财富。这样的投资活动是在公司内部完成的，并且在投资之后，公司并未失去对其资产的主导权。生产性资产投资属于直接投资的一种形式，在企业内部进行，其投资行为并不改变资金控制权的归属，而是明确了企业资金的特定用途。

生产性资产可以进一步细分为资本资产和营运资产两大类。资本资产指的是企业长期持有的资产。投资于资本资产对企业产生的影响持续时间较长，也被称作长期投资。营运资产指的是企业中的流动性资产。企业受到流动资产投资的短期影响是短暂的，这也被称作短期投资。

本章所说的资本投资主要指生产性资本资产投资。生产性资本资产投资项目可以分为五类：

（一）进行新产品的研发或扩大现有产品的市场规模

这样的决策往往涉及购买新的固定资产，并提高公司的营业资金流入。

（二）对设备或者工厂建筑进行现代化升级

这样的决策往往涉及替换固定资产，但并不会对公司的营业现金收益产生影响。

（三）进行研究和开发活动

这样的决策一般不会直接带来实际收益，而是赋予了一个决定是否开始生产新产品的权利。

（四）进行勘查活动

这样的决策往往为企业提供了一些宝贵的资讯。

（五）其他

这包括建设劳动保护设施和购买污染控制设备等。这类决策并不直接使企业的现金流入，反而有助于提升企业在执行社会责任方面的公众形象。这些措施可能会降低未来的资金流出量。

这批投资项目在现金流量上呈现出各自独特的特点，并且其分析手法也存在差异。最普遍的投资类型是第一种投资，也就是新增固定资产的投资方案。

三、企业投资管理的原则

企业投资的核心价值是追求更高的利润和增强企业的整体价值。一个企业是否能够达到其设定的目标，主要取决于它是否能在不断变化的市场环境中把握有利的投资时机，做出明智的投资选择。因此，企业在进行投资活动时必须遵循以下几个基本原则：

（一）认真进行市场调查，及时捕捉投资机会

捕获投资的机遇不仅是企业投资行为的初始步骤，同时也是企业做出投资决策的核心环节。在市场经济的背景下，投资的机会并不是恒定的，而是在不断地演变，它会受到许多外部因素的作用，尤其是市场需求的波动。在进行投资活动之前，企业有责任进行深入的市场研究和分析，以寻找最具潜力的投资机遇。市场持续地在变化和发展，因此，我们应该从一个动态的视角来理解市场与投资机会之间的联系。

（二）建立科学的投资决策程序，认真进行投资项目的可行性分析

在市场经济的背景下，企业在进行投资决策时都可能遭遇某些风险。为确保投资决策的准确性和有效性，我们必须遵循科学的投资决策流程，并对投资项目的可行性进行深入的分析。进行投资项目的可行性分析的核心目标是验证投资项目在技术和经济上的可行性，并采用多种策略来计算相关的指标，从而合理地评估各个项目的长处和短处。财务部门负责企业资金的规划与管理，而财务专员有责任参与投资项目的可行性评估。

（三）及时足额地筹集资金，保证投资项目的资金供应

对于企业的投资项目，尤其是大规模的投资项目，由于其建设周期较长和所需资金较多，项目一旦启动，就必须确保有充足的资金支持，否则可能会导致工程建设的中断，从而产生所谓的“半截子工程”，并带来巨大的经济损失。因此，在开始投资项目的建设之前，有必要科学地预估所需资金的规模和所需时间，并采取合适的方式来筹集资金，以确保投资项目能够顺利完成，并尽早实现投资回报。

（四）认真分析风险和报酬的关系，适当控制企业的投资风险

报酬与风险实际上是并存的。通常情况下，随着报酬的提高，所面临的风险也会随之增大。报酬的提高往往伴随着风险的上升，而这种风险的增长可能导致公司价值的减少，这对财务目标的达成是不利的。因此，在企业进行投资活动时，除了要权衡报酬外，还必须仔细评估风险状况。只有当报酬与风险达到平衡状态时，企业的价值才有可能持续提升，从而实现财务管理的既定目标。

四、企业投资的过程分析

（一）投资机会研究

投资决策开始于投资机会。对于单一的投资机遇，我们可以提出多

种不同的观点和建议。投资机会研究的核心是对投资的初步设想或建议进行深入的分析，基于已有的内外部数据，探讨其对企业成长的重要性、技术条件的实施可能性，以及在经济层面的合理性。其构成要素包括以下四个方面：

1. 商品市场供需状况

根据某种商品供求状况，确定该商品目前是处于开发期、成熟期、饱和期还是衰退期，从而选择有利的投资方向和投资机会。

2. 国家金融信贷政策及利率的变化情况

国家对不同的投资活动通过贷款规模和贷款利率高低体现其政策差异，投资者可以从贷款利率上分析出哪些投资机会是有利的。

3. 产品价格变化趋势

产品的价格随产品的供求状况而波动，因而从价格的升降变化趋势可以预测该产品的市场销路情况，从而选择有利的产品投资。

4. 原材料资源状况

包括以下四个方面：一是评估投资机会的好坏是基于原材料和资金的充裕程度；二是基于原材料资源地的交通运输情况来评估投资的可能性；三是基于原材料的性能和资源的品质来评估投资的可能性；四是基于原材料资源的价格情况来评估投资的可能性。

（二）计划阶段

在对投资机会进行初步的评估之后，如果觉得它不是一个好选择，那么应该考虑将其排除在外；如果你觉得这个方案是值得推荐的，那么你可以提出建议并进行相应的评估，这个过程可以进一步细分为以下两个主要步骤：

1. 鉴定投资机会

我们需要明确每一个投资建议的具体含义，并收集与上述机会相关的信息和数据。包含以下内容：一是公司的内部资料。例如，企业在技术设计、采购与销售以及产品制造方面的能力；关于产品的品质标准、成本水平以及财务资金的来源等方面。二是关于企业的外部资讯。这包括了整体的经济状况、产品的市场环境、政府的规定、通货膨胀、劳动力的供应以及技术的变化等因素。

2. 作出初步分析

对各种建议进行分类，并进行初步的筛选工作。筛选流程同样是一个评估过程，在筛选出被认为是合适的投资建议后，便可以进入到评价的环节。

（三）评价阶段

对筛选出的建议进行更深入的分析和评估。只有在经过合格评估的建议后，我们才会制订出投资计划，并作出最终的决策。在挑选投资计划的过程中，必须仔细研究各个投资建议间的经济相关性。这种依存关系又分为如下三种情况：

1. 互相补充关系

也就是说，选择一个建议可能会增加另一个相关建议的现金流。换句话说，如果同时接受两个相互补充的建议，那么该方案的净现金流量将会超过这两个建议各自净现金流量的总和。

2. 互相代替关系

也就是说，选择一个建议可能会降低另一个相关提议的资金流动。换句话说，如果同时接受两个相互排斥的建议，那么该方案的净现金流量将会低于这两个建议各自净现金流量的总和。

3. 各自独立的关系

也就是说，选择一个建议并不会对其他建议的现金流产生影响。所有的建议都是相互独立的，不会相互干涉，并且可以同时考虑，而不会对各自的净现金流量产生影响。他们提出的方案中的净现金流量是他们建议的净现金流量的总和。

鉴于各种投资建议之间存在着不同的经济依赖关系，因此，在进行评估时不能仅仅进行单一的评价，而应该综合考虑它们之间的经济依赖关系来进行全面评价。在进行评估的过程中，我们还需要深入考虑各种方案的风险特性和风险水平，在评估后制订投资计划，并最终进入决策阶段。

（四）选择阶段

在选择可执行的投资方案时，主要的任务是评估方案的价值和收益，同时也需要对每一种可选方案的成本和风险进行估算和权衡。具体来说，就是通过计算投资方案的现金流入量和现金流出量来评估投资方案的优缺点，并据此进行优劣排序。评估的核心技术手段涵盖了非贴现现金流量法以及贴现现金流量法。基于评估结果进行选择，并据此制定资本预算。此外，对于每一个被接受的投资计划，都需要制订详细的执行方案和财务收支计划，以确保其顺利实施。

（五）执行、控制和考核阶段

资本预算的编制工作一旦完成，便会步入实施阶段。执行阶段实际上是一个控制阶段，投资计划一旦得以实施，便会进行最终的评估和考核。在整个寻找投资机会、收集投资建议的过程中，直至方案完全执行和考核结束，资本预算编制的完成被视为一个明确的界限。在这之前，是预算的制定阶段，而在此之后，则是执行和考核的阶段。

第二节 投资现金流量的分析

一、现金流量的内涵

现金流量是指在投资决策过程中项目导致的企业现金支出和现金收入的增加数量。在这种情况下，“现金”被定义为广义上的现金，它不仅涵盖了各种形式的货币资金，还包括了企业在项目中需要投资的现有非货币资源的变现能力。例如，当一个项目需要利用现有的厂房、设备和材料时，相关的现金流量是指这些材料的变现价值，而不是它们的账面成本。

新建项目的现金流量包括现金流出量、现金流入量和现金净流量三个具体概念。

（一）现金流出量

一个方案的现金流出量，是指该方案引起的企业现金支出的增加额。例如企业购置一条生产线，通常会引起以下现金流出：

1. 购置生产线的价款

购置生产线的价款可能是一次性支出，也可能分几次支出。

2. 垫支流动资金

这条生产线不仅增强了公司的生产实力，还引起了对流动性资产的需求上升。由于购买了该生产线，企业所需的额外流动资金应被纳入该计划的现金流出量中。当生产线结束营业或被出售（或报废）时，这些资金才能被回收并用于其他用途。

（二）现金流入量

当我们谈论一个方案的现金流入量时，实际上是指该方案引起的企业现金收益的增长。比如，当企业购买一条生产线时，这通常会引起以下的现金流入：

1. 营业现金流入

购置生产线扩大了企业的生产能力，使企业销售收入增加。扣除有关的付现成本增量后的余额，是由该生产线引起的一项现金流入：

营业现金流入＝销售收入－付现成本

这里所说的付现成本是指每年都需要用现金支付的费用。在成本构成中，那些不需要每年用现金支付的部分被称作非付现成本，主要包括折旧费用。因此，现金支付的成本可以通过减少成本和折旧来进行估算：

付现成本＝成本－折旧

从每年现金流动的结果来看，增加的现金流入来自两部分：一部分是利润造成的货币增值，另一部分是以货币形式收回的折旧：

营业现金流入＝销售收入－付现成本

＝销售收入－（成本－折旧）＝利润＋折旧

2. 该生产线出售（报废）时的残值收入

当资产被出售或报废时产生的剩余价值收入是由于最初购买该生产线所产生的，并应被视为投资计划中的一部分现金流入。

（三）现金净流量

现金净流量，是指一定期间现金流入量和现金流出量的差额。这里所说的“一定期间”，有时是指1年内，有时是指投资项目持续的整个年限内。流入量大于流出量时，净流量为正值；反之，净流量为负值。

二、现金流量的估计

评估投资计划所需的资金开支，以及该计划每年能带来的现金净流入都会涉及多种因素，并需要企业相关部门的积极参与。比如说，销售部门主要负责预估产品的售价和销售量，这包括产品价格的灵活性、广告的影响力以及竞争对手的动态等方面；负责产品研发和技术的部门需要估算投资计划的资金开销，这包括研究开发的费用、购买设备以及厂房的建设等方面；负责生产和成本的部门需要对制造成本进行估算，这包括了原材料的购买价格、生产流程的规划以及产品的总成本等方面。财务工作人员的核心职责是为销售、生产等相关部门制定统一的基础预测条件，例如物价水平、贴现率和可利用资源的约束条件等；确保参与预测任务的各个部门的人员能够有效地相互连接和协同工作；确保预测者不会因为个人的喜好或部门的利益而对收入和成本进行过高或过低的估计。

在决定与投资计划有关的资金流动时，最根本的准则应当是仅当现金流量增加时，才能确定与该项目直接相关的现金流。增量现金流量的定义是在企业决定接受或拒绝某一投资计划后，其总现金流量会发生相应的变化。当某个项目的接受使得现金支出的增长时，这才被视为该项目的现金流出；当某个项目的采纳使得现金流入有所增加时，该项目的现金流入才被视为真正的现金流入。

为了准确地估算投资计划可能带来的现金流量增长，我们需要准确地判断哪些支出可能导致企业的总现金流量发生变化，而哪些支出则不会影响企业的总现金流量。在做出这样的评估时，有四个方面需要特别关注。

（一）区分相关成本和非相关成本

相关成本是指与特定决策有关的、在分析评价时必须加以考虑的成本，例如差额成本、未来成本、重置成本、机会成本等都属于相关成本。与此相反，与特定决策无关的、在分析评价时不必加以考虑的成本是非相关成本，例如沉没成本、过去成本、账面成本等往往是非相关成本。

（二）重视机会成本

在挑选投资计划时，一旦确定了某一投资方案，就应当放弃其他投资途径的可能性。其他的投资机会所能获得的回报，实际上是执行这个投资计划所需的一种成本，这被称作该投资计划的机会成本。机会成本并不是我们通常所说的“成本”，它并不是一种开销或费用，而是一种失去的利益。这样的收益并不是真实发生的，而是隐藏的。机会成本通常是针对特定的计划而设定的，一旦没有被放弃的计划，就很难进行准确的计量和确定。

机会成本在决策中的意义在于它有助于全面考虑可能采取的各种方案，以便为既定资源寻求最为有利的使用途径。

（三）要考虑投资方案对公司其他部门的影响

采纳一个新的项目后，该项目可能对公司的其他部门造成有利或不利的影响。

比如，当新建的生产车间生产的产品进入市场后，原先的其他产品的销售渠道可能会受到影响，而公司的总销售额可能不会有所增长，甚至可能会有所下降。因此，在公司进行投资分析的时候，不应该把新车间的销售收入当作是增量收入来处理，而应该扣除其他部门因此而减少的销售收入。当然，也有可能出现完全相反的情况，即新产品上市后会推动其他部门的销售增长，这取决于新项目和原有部门是竞争关系还是互补关系。

(四) 对净营运资金的影响

通常，随着公司新业务的启动和销售额的上升，对于流动资产，如存货和应收账款的需求也会随之增长，因此公司需要筹集更多的资金来满足这些附加的需求。此外，随着公司的扩张，应付账款和其他流动负债，如应付费用也会同步上升，这进一步减少了公司对流动资金的真实需求。所指的净营运资金需求是指流动资产的增加与流动负债的增长之间存在的差距。

随着投资计划的生命周期接近尾声，公司计划出售与该项目相关的库存，将应收账款转化为现金，并相应地支付应付账款和费用，从而使净营运资金回归到其原始状态。在进行投资分析的过程中，通常会假设最初筹集到的净营运资金会在项目完成后被回收。

三、所得税和折旧对现金流量的影响

所得税作为企业现金的一种形式，其规模是由利润的多少和税率的高低所决定的，同时利润的大小也会受到折旧方式的影响，因此，在讨论所得税的问题时，折旧问题是不可避免的。折旧在投资决策中起到了作用，这主要是由于所得税引发的。因此，我们需要将这两个议题联合起来进行探讨。

(一) 税后利润

如果你询问一个企业家关于他工厂的租金，他会发现每月支付的租金实际上比他预期的要少。鉴于租金是一种可以减少所得税的开销，我们应该基于税后的数据来进行评估。对于那些能够减少税务负担的项目，其实际支付的金额并不代表真正的成本，因此应当将由此导致的所得税减少纳入考虑。扣除了所得税影响以后的费用净额，称为税后成本。

$$税后利润=（总收入-总成本）\times（1-税率）$$

（二）折旧的抵税作用

提高成本可能导致利润下降，进而导致所得税的减少。如果不考虑折旧因素，公司的所得税可能会大幅上涨。折旧有助于减轻税务负担，这种作用称为“折旧抵税”或“税收挡板”。

第三节　投资现金流量的计算

在对投资项目进行评估时，所采用的指标可以分为两大类：其中一类是不考虑时间价值因素的非贴现指标，这类指标主要涵盖了回收期和会计收益率等方面；还有一类是考虑到时间价值的贴现指标，这类指标主要涵盖了净现值、现值指标和内部回报率等内容。基于评估指标的种类，投资项目的评估方法可以被划分为两大类：一是非贴现的评估方式，二是贴现的评估方式。

一、非贴现的分析评价方法

非贴现的方法不考虑时间价值，把不同时间的货币收支看成等效的。这些方法在选择方案时起辅助作用。

（一）回收期法

回收期，是指投资引起的现金流入累积到与投资额相等所需要的时间，记为 PP。它代表收回投资所需要的年限。回收期限越短，方案越有利。

若用符号 CF 表示初始投资，CF 表示项目经营期间的税后净现金流量，PP 表示回收期，则有 $\sum_{t=1}^{PP}=CF$。

在原始投资一次支出，每年现金净流入量相等时，回收期可直接计算：

$$PP=\frac{原始投资额}{每年现金净流入量}$$

回收期的计算方法既简单又易于决策者准确地理解。它的不足之处不只是忽略了时间的重要性，还未将回收后的利益纳入考虑。实际上，具有战略重要性的长期投资在早期往往收益不高，但在中后期则可能获得更高的回报。回收期法更倾向于优先考虑那些追求短期利益的项目，这可能会导致放弃长远的成功计划。这种方法曾是评估投资计划的主要手段，但现在它被用作补充工具，主要目的是评估项目的流动性，而不是追求盈利。

（二）会计收益率法

会计收益率是投资项目寿命周期内平均的年投资报酬率，等于投资项目年平均净收益和初始投资额的比值，记为 ARR。在决策中，ARR 大于或等于企业目标收益率时，项目可行。

$$ARR=\frac{\text{年平均净收益}}{\text{初始投资额}}\times 100\%$$

会计收益率法吸取了常规会计核算中关于收益和成本的观点，并在计算过程中采用了会计报表中的数据，这种方法不仅计算简洁、易于理解，而且具有广泛的应用潜力。然而，由于该方法未充分考虑到货币的时间价值，有时可能会导致错误的决策，因此通常仅作为一种辅助手段来使用。

二、贴现的分析评价方法

贴现的分析评价方法，是指考虑了货币时间价值的分析评价方法，亦被称为贴现现金流量分析技术。

（一）净现值法

净现值是指特定方案未来现金流入的现值与未来现金流出的现值之间的差额，记为 NPV。若 NPV≥0，项目可以接受；反之，则不可接受。

根据这一计算方法，所有未来的现金流入和流出都需要按照预先设定的贴现率进行现值转换，然后才能计算出二者之间的差值。如果净现值是正数，也就是说，当贴现后的现金流入超过贴现后的现金流出时，该投资项目的回报率会高于预先设定的贴现率；如果净现值为0，也就是说，贴现后的现金流入与贴现后的现金流出相等，那么这个投资项目的回报率将与预先设定的贴现率一致；如果净现值是负的，也就是说，当贴现后的现金流入低于贴现后的现金流出时，这个投资项目的回报率会低于预先设定的贴现率。

净现值法所依据的原理是：假设预计的现金流入在年末肯定可以实现，并把原始投资看成按预定贴现率计入的。当净现值为正数时，偿还本息后该项目仍有剩余的收益；当净现值为0时，偿还本息后一无所获；当净现值为负数时，该项目收益不足以偿还本息。

净现值法不仅具有广泛的应用范围，而且在理论层面上也相对于其他方法更为完善。在应用净现值法时，主要的挑战在于如何准确地设定贴现率。确定资金成本是一种方法，而确定企业所需的最低资金利润率则是另一种方法。第一种方法由于涉及资金成本的计算具有一定的复杂性，因此它的应用范围受到了一定的限制；后者的方法是基于资金的机会成本，也就是通常可以得到的报酬来设定的，这种方式使用起来相对简单。

（二）现值指数法

所谓现值指数，是指未来现金流入现值与现金流出现值的比率，亦称现值比率、现值指数，记为PI。现值指数可以看成1元原始投资可获得的现值净收益，因此可以作为评价方案的一个指标。PI≥1，项目可接受；反之，项目则不可接受。

现值指数法的核心优势在于，它允许我们比较不同投资机会的盈利潜力。现值指数作为一种相对数值指标，用于衡量投资活动的效益；净现值作为一个绝对的数值指标，是对投资回报的一个反映。

（三）内含报酬率法

内含报酬率法是一种依据方案自身的内含报酬率来对方案的优劣进行评估的手段。所指的内含报酬率是一种贴现率，其目的是确保未来的现金流入量现值与未来的现金流出量现值相等，或者更准确地说，是一种使投资计划的净现值降为零的贴现率，这被称为 IRR。如果 IRR 达到或超过筹集资金的资本成本，那么这个项目是可以被接受的；相对地说，如果 IRR 低于资本成本，那么这个项目是不能被接受的。

尽管净现值法和现值指数法都考虑到了时间的价值，并能确定投资方案的回报率是高于还是低于某一特定标准，但它们并没有明确指出该方案能够实现的具体回报率是多少。内部的回报率是基于项目的现金流来计算的，它代表了项目本身的投资回报率。

在计算内含报酬率时，我们通常采用“逐步测试法”进行。首先，我们需要计算一个贴现率，以此来估算方案的净现值。当净现值为正值时，这意味着该方案的回报率超出了预先估算的贴现率，因此应当在提高贴现率之后进行更深入的测试；当净现值呈现为负数时，这意味着该方案的回报率低于预先估算的贴现率，因此在降低贴现率之后需要进行进一步的检验。通过多轮的实验验证，我们确定了一个贴现率，该贴现率能使净现值趋近于 0，也就是该方案的固有回报率。

内含报酬率法不仅充分考虑了资金的时间价值，还准确地反映了投资项目的实际报酬率，这一概念也相对容易理解。然而，这一计算方法具有相当高的复杂性，尤其是当每年的 NCF 数值不一致时，通常需要进行多轮计算才能得出结论。

第四节　投资决策实务

一、固定资产更新决策

在这个高度信息化的社会中，科学与技术持续进步，使得固定资产的更新速度大大加快。这主要是由于老旧的设备经常被大量使用，可以增加维护成本。在出现了生产效率更高、原材料、燃料和动力消耗更低的设备的情况下，尽管旧设备仍然可以继续使用，企业仍然会对固定资产进行更新。因此，在企业的长期投资决策中，固定资产的更新决策变得尤为关键。

在做出固定资产更新的决策过程中，必须充分考虑所得税对设备处理价值和残值产生的影响。在出售设备的过程中，如果设备的处置价值超过了其账面净值，那么会计将认为在出售过程中存在处置收益，这部分收益将需要缴纳所得税，从而导致设备处置的现金流量减少；当设备的处理价值低于其账面上的净值时，这意味着在销售过程中会有处理损失。对于这些处理损失，可以免除所得税，这将使设备处理的现金流增加。因此，设备处置的现金流量计算公式如下：

设备处置的现金流量＝设备处置价值－（处置价值－账面净值）×所得税税率

此外，如果设备会计上的账面残值与税法规定的残值不同，也会受到所得税的影响。当会计残值高于税法规定的残值时，税法认定设备存在清理变现收益，需要缴纳所得税；反之则产生了清理损失，可以抵免一部分所得税。计算公式如下：

清理固定资产的现金流量＝实际残值－（实际残值－税法规定残值）×所得税税率

二、资本限量情况下的投资决策

当一个企业拥有两个可供投资的项目，但由于资金和精力的限制不能对所有项目进行投资时，该企业需要进行深入的分析和决策，以决定投资哪一个项目。考虑到资金状况，当资金总量没有限制时，可以根据每个项目的净现值进行排序；当资金总量受到限制时，需要根据现值指数的大小和净现值进行组合排序，从中选出净现值总和最大的组合。

第三章　收益与利润管理

收益与分配管理涉及企业如何组织和调整其主要的收益和分配活动以及由此产生的财务关系。这是一个过程，其中企业将在特定时间段内产生的经营成果，在其内部和外部的各个利益相关方之间进行合理和高效的分配。其管理活动主要涵盖了收入管理、成本与费用管理以及利润分配管理等多个方面，这在财务管理体系中是一项至关重要的管理任务。分配收益能够满足国家在政治和组织经济方面的职能需求，它是解决所有者、经营者等多方面物质利益问题的基础途径。

收入是企业收益分配的首要对象。企业所获得的收益是多元化的，其中，销售收入指的是企业在其日常运营过程中通过销售商品或提供服务等方式所获得的金钱收益。这构成了企业收益的核心部分，也是企业持续运营的关键前提。销售收入受到的主要限制因素是产品的销售量和定价，因此，销售预测分析和销售定价管理成为收入管理的核心部分。

在企业中，收益的分配可以从广义和狭义两个角度来理解。在广泛的意义上，收益分配涉及对公司的收益和净利润的分配，其中涵盖了两个不同的层面。第一个层面涉及企业收益的分配方式；第二个层面涉及企业的净利润如何分配。狭义上说，收益分配主要是关于企业的净利润如何分配的。本章讨论的收益分配是基于一个更为广泛的收益分配理念。

第一节　企业收益管理

一、收益分配管理的意义

收益和分配管理是现代企业财务管理的核心部分之一，它对于保障企业及其相关利益方的财务稳定和提高企业的整体价值起到了至关重要的作用。更具体地说，企业的收益和分配管理的重要性可以从以下三个维度来理解：

（一）收益分配集中体现了企业所有者、经营者与职工之间的利益关系

企业的所有者作为企业权益资金的提供方，遵循“谁出资、谁受益”的原则，他们应当通过企业收益的合理分配来实现预期的投资回报，这不仅能提升企业的信誉水平，还有助于增强企业未来资金流通的能力。

当企业的债权人为企业注入资金时，他们也承受了某种程度的风险，因此，企业在收益分配时应确保债权人的利益得到充分的保障。在进行收益分配的过程中，投资者不仅要确保按时支付到期的本金和利息，企业在分配收益时也必须考虑到债权人未偿还本金的保障水平。如果不这样做，企业的偿债能力可能会受到影响，进而导致企业财务弹性的降低。

员工不仅是企业价值的塑造者，也是企业收益和盈利的主要来源。通过支付工资和提供各种福利，我们可以激发员工的工作激情，并为公司带来更大的价值。

因此，为了正确、合理地处理好企业各方利益相关者的需求，就必须对企业所实现的收益进行合理分配。

（二）收益分配是企业再生产的条件以及优化资本结构的重要措施

在企业的生产和经营活动中，所投入的各种资金会随着生产和经营活动的推进而不断地被消耗和转移，这些资金会转化为成本和费用，最终成为商品价值的一个组成部分。实现销售收入不仅为企业的成本和费用补偿创造了基础条件，还为企业的简单再生产活动提供了正常运行的环境。通过合理的收益分配机制，企业有能力生成一部分自主分配的资金，这不仅能增加企业在生产和经营方面的财务能力，还有助于企业更好地适应市场需求并扩大再生产规模。

另外，留存收益不仅是企业重要的权益资金来源，而且收益的分配程度也会影响企业的资本积累程度，进一步决定权益与负债之间的比例，也就是资本结构。为了实现企业价值的最大化，企业的资本结构必须达到最优状态，因此，如何分配收益已经变成了优化资本结构和降低资本成本的关键手段。

（三）收益分配是国家建设资金的重要来源之一

在公司的日常生产和经营过程中，员工不只是为自己创造了价值，同时也为整个社会带来了某种价值，那就是利润。利润不仅是企业新创造财富的象征，也构成了企业收益的一个关键部分。除了满足企业内部的生产和经营积累需求，国家财政还可以通过收益分配策略，集中部分企业的盈利，并由国家有序地进行分配和使用。这不仅实现了国家的政治和经济功能，还促进了能源、交通和原材料基础工业的发展，为社会经济进步提供了有利的环境。

二、收益分配的原则

收益分配作为一项重要的财务活动，应当遵循以下原则：

（一）依法分配原则

企业在进行收益分配时，必须严格遵循法律规定。为了使企业的收益分配行为更加规范，并保护所有利益相关者的合法权益，国家已经发布了相应的法律法规。这些法律条款明确了企业收益分配的基础准则、常规流程和关键比例，企业必须严格遵守，不得有任何违规行为。

（二）分配与积累并重原则

在进行企业收益的分配时，必须遵循积累和分配二者同等重要的准则。企业在进行经营活动以获取盈利时，不仅需要确保企业的简单再生产能够持续进行，还需要不断地积累用于扩大再生产的财务基础。正确地平衡分配与积累的关系，为未来的分配预留部分净收益，不仅可以增强企业对风险的抵抗力，还能确保企业运营的稳定和安全。

（三）兼顾各方利益原则

企业的收益分配必须兼顾各方面的利益。企业是经济社会的基本单元，企业的收益分配涉及国家、企业股东、债权人、职工等多方面的利益。正确处理它们之间的关系，协调其矛盾，对企业的生存、发展是至关重要的。企业在进行收益分配时，应当统筹兼顾，维护各利益相关者的合法权益。

（四）投资与收益对等原则

企业进行收益分配应当体现“谁投资、谁受益”、收益大小与投资比例相对等的原则。在企业为投资者分配收益的过程中，应当遵循平等和一致的原则，根据投资者的投资额比例来进行收益分配，不允许任何一方擅自增加或占用更多的份额，以实现收益分配过程的公开、公平和公正，从而更好地保护投资者的利益。

三、收益与分配管理的内容

企业主要通过产品销售、劳务提供和资产使用权转让等方式来获得收益，这些收益主要流向两个方向：一是用于补偿成本和费用，也就是为了获得这些收入而进行的资源消耗；二是利润的形成，也就是在收入与成本费用相匹配之后的剩余金额。收入、成本费用和利润三者之间的关系可以简单表述为：

收入－成本费用＝利润

从广义收益分配的角度来看，它首先涉及对企业收益的分配，也就是对成本和费用的补偿，然后转化为利润，接着按照特定的流程对这些利润的余额进行再次分配。很明显，收益的获得、成本和费用的产生以及利润的生成和流动都是收益分配的核心要素。因此，收益分配的管理涵盖了收入的管理、成本与费用的管理以及利润的分配管理这三大领域。

四、销售预测分析

销售预测分析是一种基于市场调研、相关历史数据和多种信息，运用科学预测手段或管理人员的实际操作经验，对企业产品在预定时间段内的销售或总销售额进行预测或估算的综合过程。在进行销售预测的过程中，企业应当深入研究和分析与产品销售相关的各种信息，包括产品的价格、质量、售后服务以及销售策略等。此外，我们还应该对企业当前的市场状况、物价指数、市场份额以及经济增长的方向进行深入的研究和分析。

销售预测的方法有很多种，主要包括定性分析法和定量分析法。

（一）销售预测的定性分析法

定性分析法，也称为非数量性分析法，是一种由专业人士依据他们的实际经验来预测目标对象未来状况和发展方向的分析手段。当预测对象的历史数据不齐全或不能进行量化分析时，该方法通常适用，主要涵盖了推销员评判法、专家评判法以及产品生命周期分析法。

1. 推销员判断法

推销员判断法，也被称为意见汇集法，是一种由对市场动态和相关变动有深入了解的企业管理人员，对推销员收集到的数据进行全面分析，进而做出相对准确预测的策略。这一方法不仅耗时较短，成本也相对较低，因此具有较高的实用性。当市场出现波动时，可以迅速地对预期的结果做出调整。

2. 专家判断法

专家判断法是由专家根据他们的经验和判断能力对特定产品的未来销售量进行判断和预测的方法，主要有以下三种不同形式：

（1）个别专家意见汇集法。即分别向每位专家征求对本企业产品未来销售情况的个人意见，然后将这些意见再加以综合分析，确定预测值。

（2）专家小组法。即将专家分成小组，运用专家们的集体智慧进行判断预测的方法。此方法的缺陷是预测小组中专家意见可能受权威专家的影响，客观性较德尔菲法差。

（3）德尔菲法。也被称为函询调查法，是一种通过书面方式征集各方专家意见的方法。这些专家在彼此不交流的前提下，根据各自的观点和方法进行预测。企业会将这些专家的意见整合在一起，然后通过匿名方式反馈给各位专家，请求他们参考他人的意见来修正自己之前的判断。这个过程会重复多次，最终确定预测的结果。

3. 产品寿命周期分析法

产品寿命周期分析法是一种基于产品销售量在各个生命周期阶段的变动趋势来进行销售预测的定性分析手段，它作为其他预测分析方法的有力补充。产品的生命周期描述了产品从进入市场到最终退出市场的整个过程，通常包括萌芽期、成长期、成熟期以及衰退期这四个主要阶段。为了确定产品所处的生命周期阶段，可以依据销售增长率这一指标来进行判断。通常情况下，萌芽期的增长率是不稳定的，成长期的增长率是最大的，成熟期的增长率是稳定的，而衰退期的增长率是负数。

（二）销售预测的定量分析法

定量分析法，也被称为数量分析法，是基于预测对象相关资料的完整性，采用特定的数学技巧来构建预测模型并进行预测的方法。它主要分为两大类别：趋势预测分析法和因果关系预测分析法。

1. 趋势预测分析法

趋势预测分析法主要包括算术平均法、加权平均法、移动平均法和指数平滑法等。

（1）算术平均法。即将若干历史时期的实际销售量或销售额作为样本值，求出其算术平均数，并将该平均数作为下期销售量的预测值。

算术平均法适用于每月销售量波动不大的产品的销售预测。

（2）加权平均法。同样是将若干历史时期的实际销售量或销售额作为样本值，将各个样本值按照一定的权数计算得出加权平均数，并将该平均数作为下期销售量的预测值。一般来说，由于市场变化较大，离预测期越近的样本值对其影响越大，而离预测期越远的则影响越小，所以权数的选取应遵循“近大远小”的原则。

加权平均法较算术平均法更为合理，计算也较方便，因而在实践中应用得较多。

（3）移动平均法。移动平均法是从 n 期的时间数列销售量中选取 m 期（m 数值固定，且 $m<n/2$）数据作为样本值，求其 m 期的算术平均数，并不断向后移动计算观测期平均值，以最后一个 m 期的平均数作为未来第 $n+1$ 期销售预测值的一种方法。这种方法假设预测值主要受最近 m 期销售量的影响。其计算公式为：

$$Y_{n+1}=[X_{n-(m-1)}+X_{n-(m-2)}+\cdots+X_{n-1}+X_{n}]\div m$$

为了使预测值更能反映销售量变化的趋势，可以对上述结果按趋势值进行修正，其计算公式为：

$$Y_{n+1}=Y_{n+1}+(Y_{n+1}-Y_{n})$$

由于移动平均法只选用了 n 期数据中的最后 m 期作为计算依据，故而代表性较差。此法适用于销售量略有波动的产品预测。

（4）指数平滑法。指数平滑法实质上是一种加权平均法，是以事先确定的平滑指数α及1－α作为权数进行加权计算，进而预测销售量的一种方法。其计算公式为：

$$Y_{n+1}=\alpha X_n+(1-\alpha)Y_n$$

式中，Y_{n+1}——未来第$n+1$期的预测值；

Y_n——第n期预测值，即预测前期的预测值；

X_n——第n期的实际销售量，即预测前期的实际销售量；

α——平滑指数；

n——期数。

一般来说，平滑指数的取值通常为0.3～0.7，其取值大小决定了前期实际值与预测值对本期预测值的影响。通过使用较高的平滑指数可以观察到样本值近期的变动趋势；通过使用较小的平滑指数可以观察到样本值长期变化的趋势。因此，在面临销售量大幅波动或需要进行短期预测的情况下，可以选择一个相对较大的平滑指数；当销售量的波动不大或需要进行长时间的预测时，可以选择一个相对较小的平滑指标。

该方法运用得比较灵活，适用范围较广，但在平滑指数的选择上具有一定的主观随意性。

2. 因果预测分析法

因果预测分析法是一种通过分析影响产品销售量（因变量）的各种相关因素（自变量）和它们之间的函数关系，然后利用这些函数关系来进行产品销售预测的方法。在因果预测分析中，回归分析法是最常采用的方法。

五、销售定价管理

销售定价不只是对产品的边缘贡献产生影响，它还对产品的销售量和在市场上的位置产生作用，进而对公司的收益带来复杂且直接的效应。正确地制定销售定价策略是企业生存和发展的关键，因此加强销售定价管理是企业财务管理的一个重要方面。

（一）销售定价管理的含义

销售定价管理的核心是基于深入的调查和分析，选择最适合的产品定价策略，为待销售的产品确定最合适的价格，并根据实际需求采用各种价格策略，从而达到最大的经济回报。

当企业进行各类产品的销售时，确立一个合适的销售价格是至关重要的。一个产品的价格高低会直接决定销售量的多少，从而进一步影响企业的盈利状况。如果单价过高，销售量会下降，如果不能达到保本点，企业将会亏损；如果单价过低，尽管这可能有助于促销，但这会导致单位的毛利减少，从而影响企业的盈利能力。因此，产品的销售价格高低和价格策略的适当应用都会对企业的正常生产和经营活动产生影响，甚至可能影响企业的生存和发展。当企业实施高效的销售定价策略时，它的产品会变得更有吸引力，从而增加市场份额并提高企业在市场中的竞争地位。

（二）影响产品价格的因素

影响产品价格的因素非常复杂，主要包括以下几个方面：

1. 价值因素

价格实际上是价值的货币化表示，价值的规模直接影响价格的高低，而价值的数量则是由制造产品所需的社会必要劳动时间所决定的。因此，通过提升社会的劳动生产率和减少生产产品所需的社会必要劳动时间，有可能在一定程度上降低产品的售价。

2. 成本因素

成本构成了决定定价的核心要素。只有当企业获得足够多的收益来补偿已经产生的成本和费用时，它们才有可能实现长期的生存和发展。尽管在短期内，产品的价格可能会低于其制造成本，但从长远角度看，产品的价格应当是总成本与合理利润的总和，否则企业将无法盈利，也难以持续存在。

3．市场供求因素

市场的供应和需求变化对价格波动产生显著的影响。当某一产品在市场上的供应量超过其需求时，它的价格可能会受到下行趋势的影响。然而，当供应量低于需求量时，这可能会促使价格上涨。市场的供应和需求关系始终是两个相互矛盾的部分，这也导致产品的价格经常出现波动。

4．竞争因素

产品之间的竞争强度不同，会对其定价产生不同的影响。竞争的激烈程度越高，其对价格产生的影响也就越显著。在一个完全竞争激烈的市场环境中，企业在定价方面几乎缺乏主导权；在一个不完全竞争激烈的市场环境中，竞争的激烈程度主要是由产品制造的复杂性和市场供需状况所决定的。为了做出明智的定价选择，企业需要深入了解其竞争对手的实际状况，尤其是对手的定价策略。

5．政策法规因素

各国对于市场价格的波动和高低都制定了相应的限制和法律条款，同时，通过生产市场和货币金融等多种方式，国家也会进行价格的间接调整。在制定价格策略的过程中，企业必须深入了解其所在国家和本国的相关政策及法律规定。

（三）产品定价方法

产品定价方法主要包括以成本为基础的定价方法和以市场需求为基础的定价方法两大类。

1．以成本为基础的定价方法

企业的成本范畴基本上有三种成本可以作为定价基础，即变动成本、制造成本和完全成本。

变动成本指的是随着业务量的波动，其总成本也会相应地发生变化。虽然变动成本可以作为确定增量产量的标准，但它并不适合作为普通产品的定价参考。

制造成本指的是企业在生产产品或提供劳务时产生的直接费用支出，通常包括直接材料、直接人工和制造费用。因为它并未涵盖所有的期间费用，所以无法真实地展现企业产品的价值消耗和流转情况。采用制造成本作为定价手段会妨碍企业进行简单的再生产活动。

完全成本是指企业在生产和销售特定种类和数量的产品时所产生的全部费用，其中涵盖了制造、管理、销售以及财务等各个阶段的费用。基于完整的成本来设定价格，不仅能确保企业的简单再生产能够正常进行，还能确保劳动者为社会劳动所创造的价值得到完全的体现。因此，目前的产品定价策略依然基于产品的全部成本。

(1) 完全成本加成定价法。它的定价是基于完整的成本，并结合了合适的利润。在工业企业中，合理利润通常是基于成本利润率来确定的，而在商业企业中，销售利润率通常是依据成本利润率来设定的。在考虑税金的情况下，其有关计算公式为：

①成本利润率定价。

成本利润率＝预测利润总额÷预测成本总额×100％

单位产品价格＝单位成本×（1＋成本利润率）÷（1－适用税率）

②销售利润率定价。

销售利润率＝预测利润总额÷预测销售总额×100％

单位产品价格＝单位成本÷（1－销售利润率－适用税率）×100％

上述公式中，单位成本是指单位完全成本，可以用单位制造成本加上单位产品负担的期间费用来确定。

(2) 保本点定价法。保本点，也被称为盈亏平衡点，描述的是一个企业在其经营过程中既不实现盈利也不出现亏损的销售状况，在这个状态下，其利润几乎为0。采用这种策略时，我们需要根据成本的性质，也就是它如何随着产量的变化而改变，将其分类为固定成本和变动成本。保本点定价法的核心思想是基于产品的销售计划数量、特定时期的成本状况以及相应的税率来设定产品的市场售价。使用这种方式确定的价格被认为是最低的销售价格。其计算公式为：

单位产品价格＝（单位固定成本＋单位变动成本）÷（1－适用税率）

＝单位完全成本÷（1－适用税率）

（3）目标利润定价法。目标利润是指企业在预定时期内应实现的利润水平。目标利润定价法是根据预期目标利润和产品销售量、产品成本、适用税率等因素来确定产品销售价格的方法。其计算公式为：

单位产品价格＝（目标利润总额＋完全成本总额）÷

［产品销量×（1－适用税率）］

或＝（单位目标利润＋单位完全成本）÷（1－适用税率）

（4）变动成本定价法。变动成本是指企业的生产能力还有剩余时，为了增加生产特定数量的产品所需要承担的费用。这些新增的产品能够避免承担公司的固定开销，而只需支付变动的费用。在设定价格的过程中，产品的成本是基于变动成本来计算的。这里提到的变动成本是指完全的变动成本，这包括了变动的制造成本和变动期间的费用。其计算公式为：

单位产品价格＝单位变动成本×（1＋成本利润率）÷（1－适用税率）

2. 以市场需求为基础的定价方法

基于成本的定价策略更多地关注了公司的成本情况，而忽略了市场的实际需求。因此，这种定价方式可能并不完全满足公司追求销售收益或最大化利润的标准。当企业实现最大的销售收益或盈利时，其理想的价格应当是这个价格。基于市场需求的定价策略能够满足这种需求，其中主要包括需求价格弹性系数的定价方法和边际分析的定价策略等。

（1）需求价格弹性系数定价法。在市场上，产品的供需关系主要是通过价格的激励和限制来体现的。随着需求的增长，价格也随之上涨，从而激发了企业的生产活力；当需求下降时，价格也会随之下滑，这进一步限制了公司的生产规模。从一个不同的视角来看，企业也有可能通过调整价格来满足市场的需求，这是基于一种特定的关系。当其他因素保持不变时，一个产品的需求量会随着其价格的波动而有所改变，这种变化被称为需求价格弹性系数。

(2) 边际分析定价法。边际分析定价法是一种基于微分极值原理的定量定价决策方法，它通过分析产品在不同价格和销售量组合下的边际收入、边际成本和边际利润之间的关系来进行定价决策。

边际是指每增加或减少一个单位所带来的差异。那么，产品边际收入、边际成本和边际利润就是指销售量每增加或减少一个单位所形成的收入、成本和利润的差额。按照微分极值原理，如果利润函数的一阶导数等于 0，即边际利润等于 0，边际收入等于边际成本，那么，利润将达到最大值，此时的价格就是最优销售价格。

在收入函数和成本函数都是微小的情况下，直接对利润函数进行一阶导数的计算就能确定出最佳的销售价格；在收入函数或成本函数呈现离散特性的情况下，我们可以采用列表法来单独计算在不同价格和销售量组合下的边际利润。在边际利润大于或等于 0 的组合中，边际利润最低的价格被认为是最优的售价。

（四）价格运用策略

企业间的争夺在很大程度上是企业产品在市场竞争中的体现。一个产品在市场上的竞争力主要是通过其市场占有率来衡量的。除了增强产品的品质，根据实际状况适当地采用各种价格策略，有助于显著提升产品在市场上的份额和企业的竞争力。其中，主要的价格运用策略有以下几种：

1. 折让定价策略

折让定价策略的核心思想是，在特定的情境中，通过降低产品的售价来激励消费者，进而实现增加产品的销售数量的目的。价格折扣主要体现在各种形式上，包括单位折扣、数量折扣、现金折扣、推广折扣以及季节性折扣等。单价折扣意味着为所有的购买者提供价格上的优惠，而不考虑他们实际购买的数量。数量折扣是根据购买者购买量的多少来提供的价格优惠。当购买的数量增加时，所获得的折扣也会相应增大；如果不是这样，那么折扣就会更小。现金折扣是根据购买者的付款期限长短给予的价格折扣，其目的是鼓励购买者尽快偿还货款，以加快资金的周转。推广折扣指的是企业提供的价格优惠，目的是激励中间经销商更好地销售其产品。季节性折扣是企业为了激励消费者购买季节性商品而提供的价格优惠措施。这种做法有助于激励购买者提前进行购买，从而缓解企业在仓储方面的压力，并加快资金的流转速度。

2. 心理定价策略

心理定价策略是指针对购买者的心理特点而采取的一种定价策略，主要有声望定价、尾数定价、双位定价和高位定价等。声望定价是指企业按照其产品在市场上的知名度和消费者的信任程度来制定产品价格的一种方法。一般来说，声望越高，价格越高，这就是产品的“名牌效应”。尾数定价即在制定产品价格时，价格的尾数取接近整数的小数（如 199.9 元）或带有一定谐音的数（如 158 元）等。它一般只适用于价值较小的中低档日用消费品定价。双位定价是指在向市场以挂牌价格销售时，采用两种不同的标价来促销的一种定价方法。例如，某产品标明“原价 158 元，现促销价 99 元”。这种策略适用于市场接受程度较低或销路不太好的产品。高位定价即根据消费者价高质优的心理特点实行高标价促销的方法。但高位定价必须是优质产品，不能弄虚作假。

3. 组合定价策略

组合定价策略是一种专门为相关产品组合设计的策略方法。它会根据产品在市场上的各种竞争状况，调整互补产品的价格，使其既有高也有低，或者提供组合的优惠价格。对于那些具有互补性的产品，我们可以考虑降低某些产品的售价，同时提高这些互补产品的价格，这样可以刺激销售并增加总体的利润，例如选择价格较低的整车和高价的配件等。对于那些有配套关系的相关产品，可以为组合购买提供优惠，例如，在西服套装中的上衣和裤子等。采用组合定价策略不仅能增加销售量，还能降低流通成本，从而有助于提升企业的整体经济效益。

4. 寿命周期定价策略

寿命周期定价策略是一种根据产品从进入市场到退出市场的整个生命周期，逐步确定不同价格的定价方法。在市场上，产品的生命周期通常被划分为推广期、成长期、成熟期以及衰退期。在产品的推广阶段，为了赢得消费者的支持并进一步占据市场份额，应当实施低成本的促销策略；在产品的成长阶段，它们已经获得了相当的知名度，并且销售量持续增长，因此可以选择中等的价格；在产品进入成熟期时，其在市场上的知名度达到了顶峰。尽管可以选择高价的促销策略，但由于市场的需求即将达到饱和，竞争变得尤为激烈，因此在定价时，必须充分考虑到竞争对手的实际情况，以确保维持当前的市场销售水平；在产品进入衰退期时，其在市场上的竞争能力会减弱，销售量也会减少，因此应当考虑降低价格进行促销，或者保持当前的价格，并结合其他如折扣的策略。与此同时，为了维持企业在市场上的竞争力，企业应当积极地研发新的产品。

第二节　成本费用管理

成本费用是衡量企业内部运行效率的重要指标，在收入一定的情况下，它直接决定了公司的盈利水平。成本费用管理是指企业对在生产经营过程中全部费用的发生和产品成本的形成所进行的计划、控制、核算、分析和考核等一系列科学管理工作的总称。加强成本费用管理既是企业提高经营管理水平的重要因素，也是企业增加盈利的要求，并且为企业抵抗内外压力、求得生存发展提供了可靠保障。主要的成本费用管理模式有标准成本管理和责任成本管理。

一、标准成本管理

（一）标准成本管理及相关概念

标准成本指的是经过深入的调查和分析，利用技术测量等手段所确定的，在有效的经营环境中能够实现的预期成本。标准成本的主要目的是管理和控制成本，同时也是为了评估实际工作的效率。

标准成本管理，也被称为标准成本控制，是一种基于标准成本的管理方式，它通过比较实际成本和标准成本来揭示成本差异的成因和责任，并据此采取相应的措施来有效地控制成本。标准成本管理从确定标准成本开始，通过计算和分析差异来生成结论性的报告，然后根据这些报告采取必要的措施，以巩固已取得的成果或弥补存在的不足。

（二）标准成本的确定

企业在确定标准成本时，可以根据自身的技术条件和经营水平，在以下类型中进行选择：

一是理想标准成本。这是一个理论上的标准，它描述了在当前条件下可以实现的最佳成本水平，这是基于生产过程中没有浪费、设备没有故障、员工没有闲置、产品没有废品的前提下所制定的成本准则。

二是正常标准成本。该标准是企业在正常运营条件下，经过不懈地努力所能实现的成本准则，该准则充分考虑了在生产流程中不可避免地会出现的损失、故障以及偏差等因素。

通常来说，正常标准成本大于理想标准成本。正常标准成本由于其客观、现实和激励的特性，在实际应用中受到了广泛的欢迎，这是因为理想的标准成本要求非常严格，通常很难实现。

产品成本由直接材料、直接人工和制造费用三个项目组成。无论是确定哪一个项目的标准成本，都需要分别确定其用量标准和价格标准，二者的乘积就是每一成本项目的标准成本，将各项目的标准成本汇总，即得到单位产品的标准成本。

1. 直接材料标准成本的制定

单位产品耗用的直接材料的标准成本是由材料的价格标准和用量标准来确定的。

通常来说，材料的定价标准是基于企业制定的预定价格，这通常是基于订单合同中的价格，并在考虑未来的物价、供需等多种因素后，根据材料的种类进行单独计算。这通常是由财务和采购两个部门共同拟定的。

在当前的生产技术环境中，材料的用量标准定义为生产单位产品所需的材料总量。它涵盖了形成产品实体所需的材料、有助于产品成型的材料，以及在生产过程中不可避免的损耗和必要的材料消耗。通常来说，材料的使用量标准应当基于科学的统计研究，并以技术分析作为基础来确定。

在确定直接材料的标准成本时，首先，明确区分不同的直接材料类型；其次，我们将逐个明确它们在每一个产品中的标准使用量和定价标准；再次，根据不同的种类来计算各类直接材料的标准成本；最后，我们汇总了单位产品所需的直接材料的标准成本。

2. 直接人工标准成本的制定

直接人工是由直接人工的价格和直接人工用量两项标准决定的。直接人工的价格标准就是标准工资率，通常由劳动工资部门根据用工情况制定。当采用计时工资时，标准工资率就是单位标准工资率，是由标准工资总额与标准总工时的商确定的，即：

标准工资率＝标准工资总额÷标准总工时

人工用量标准即工时用量标准，是指在现有的生产技术条件下，生产单位产品所耗用的必要工作时间，包括对产品直接加工工时，必要的间歇或停工工时以及不可避免的废次品所耗用的工时等。一般由生产技术部门、劳动工资部门等运用特定的技术测定方法和分析统计资料后确定。

直接人工标准成本一标准工资率×工时用量标准

3. 制造费用标准成本的制定

制造费用的标准成本是由制造费用价格标准和制造费用用量标准两项因素决定的。制造费用价格标准即制造费用的分配率标准。

制造费用的用量标准即工时用量标准，其含义与直接人工用量标准相同。其计算公式为：

制造费用标准成本＝制造费用分配率标准×工时用量标准

成本按照其形态分为变动成本和固定成本。前者随着产量的变动而变动；后者相对固定，不随产量波动。所以，制定费用标准时，也应分别制定变动制造费用和固定制造费用的成本标准。

（三）成本差异的计算及分析

在采用标准成本管理模式的情况下，成本差异描述的是在特定时间段内生产特定数量产品时，实际成本与相应的标准成本之间存在的差距。任何实际成本超过标准成本的情况都被称作超支差异；当实际的成本低于标准成本时，这种情况被称作节约差异。

从标准成本的制定过程可以看出，任何一项费用的标准成本都是由用量标准和价格标准两个因素决定的，因此，差异分析就应该从这两个方面进行。

1. 直接材料成本差异的计算分析

直接材料成本差异是指直接材料的实际总成本与实际产量下标准总成本之间的差异。它可进一步分解为直接材料价格差异和直接材料用量差异两部分。

材料价格的差异是由多种主观和客观因素共同作用而产生的，这些因素相当复杂，包括市场价格、供应商、运输手段以及采购数量等多个方面的波动，都有可能引发材料价格的不同。然而，由于其与采购部门有着更加紧密的联系，因此这种差异的主要责任应由采购部门来承担。

造成直接材料用量差异的因素是多元的，包括生产部门的因素和非生产部门的因素。例如，产品的设计结构、原材料的品质、工作人员的技术熟练度以及废品的产出率等因素，都可能影响材料的使用量。确定材料用量的差异责任需要经过深入的分析，但生产部门通常是主要的承担者。

2. 直接人工成本差异的计算分析

直接人工成本差异是指直接人工的实际总成本与实际产量下标准总成本之间的差异。它可分为直接人工工资率差异和直接人工效率差异两部分。

工资率的差异实际上是价格的不同，其背后的原因是多种多样的，如工资制度的调整、工人的晋升或降级、加班或临时工的增减等，这些都可能导致工资率的不同。通常情况下，生产部门并不承担这种差异的责任，而劳动人事部门更应该对此负起相应的责任。

直接的人工效率差异被称为效率差异，其产生的原因是多种多样的。工人的技术水平、工作环境以及设备的状况都会对效率产生影响，但生产部门仍然是主要的责任所在。

3. 变动制造费用成本差异的计算和分析

变动制造费用成本差异是指实际发生的变动制造费用总额与实际产量下标准变动费用总额之间的差异。它可以分解为耗费差异和效率差异两部分。

（四）分析结果的反馈

对标准成本的差异性进行分析，是企业进行规划和管理的关键途径。通过对差异的深入分析，企业的管理层能够更深入地理解实际执行成果与既定标准之间存在的根本差异。通过差异分析，我们可以更明确地识别实际生产和经营活动中的缺陷，并在需要的时候调整成本标准，这对于持续降低企业成本、明确责任划分和提高经营效率具有极其重要的作用。

二、责任成本管理

（一）责任成本管理的内容

责任成本管理是一种将企业内部分为多个责任中心的成本管理模

式，目的是明确责任成本，并根据每个责任中心的权力、责任和利益关系来评估其工作表现。在这之中，责任中心也被称为责任单位，它指的是在企业内部拥有特定权益并负有相应职责的部门或管理级别。

（二）责任中心及其考核

根据企业内部责任中心的权责界定和业务活动的独特性质，责任中心通常可以被分类为成本中心、利润中心和投资中心这三个主要类别。每一种责任中心都有其独特的决策权和不同的绩效评估标准。

1. 成本中心

成本中心被定义为有权产生并管理成本的机构。成本中心通常不会产生收益，它主要关注的是考核产生的费用。在所有责任中心中，成本中心的应用最为普遍，任何对成本产生有责任的组织或个体都有资格成为成本中心。比如说，那些负责制造产品的生产部门如车间、工段和班组，或者负责设定费用标准的管理机构等。成本中心具备如下几个显著特性：

（1）成本中心不考核收益，只考核成本。一般情况下，成本中心不能形成真正意义上的收入，故只需衡量投入，而不衡量产出，这是成本中心的首要特点。

（2）成本中心只对可控成本负责，不负责不可控成本。所谓的可控成本，是指在成本中心能够管理和控制的各种费用。它需要满足三项基本要求。第一，这个成本的出现是成本中心能够预见到的；第二，这个成本是在成本中心能够进行量化的；第三，这个成本是在成本中心可以进行调整和管理的。

任何不满足上述三项标准的费用都被视为无法控制的成本。可控成本与不可控成本之间的分类具有相对性。这些因素与成本中心所在的管理层级、管理权限以及控制范围的大小密切相关。对一个自主运营的公司来说，其几乎所有的开销都处于可管理的状态。

（3）责任成本是成本中心考核和控制的主要内容。成本中心当期发生的所有可控成本之和就是其责任成本。

成本中心考核和控制主要使用的指标包括预算成本节约额和预算成本节约率。其计算公式为：

预算成本节约额＝预算责任成本－实际责任成本

预算成本节约率＝预算成本节约额÷预算成本×100%

2. 利润中心

利润中心被定义为一个既可以管理成本，又可以管理收益和盈利的责任实体。它不仅涉及成本的产生，还涉及收益的产生。因此，它需要同时对成本和收入承担责任，也就是说，要对收入和成本之间的差值，即利润负责。存在两种不同的利润中心模式：一是自然利润中心，它是一个直接为外部提供服务或销售商品以获取收益的责任机构；二是人为利润中心，它是通过企业内部的各个责任中心使用内部结算价格来结算半成品的内部销售收入的责任中心。利润中心通常位于企业内部的更高级别，例如分店或分厂等。与成本中心相对照，利润中心承担着更大的权益和更大的职责。它不只是致力于减少绝对成本，更追求通过收入增长来超越成本，也就是说，它更加注重降低相对成本。

通常情况下，利润中心采用利润作为业绩考核指标，分为边际贡献、可控边际贡献和部门边际贡献。其相关公式为：

边际贡献＝销售收入总额－变动成本总额

可控边际贡献＝边际贡献－该中心负责人可控固定成本

部门边际贡献＝可控边际贡献－该中心负责人不可控固定成本

其中，边际贡献是将收入减去变动成本总额，反映了该利润中心的盈利能力。

可控边际贡献，也被称为部门经理的边际贡献，是一种衡量部门经理在其管理范围内有效利用资源能力的指标，也是评估利润中心管理者绩效的优选标准。然而，这一指标存在一个显著的局限性，那就是很难区分与生产能力有关的可控成本和不可控成本。若该中心具备处理固定资产的权限，那么与此相关的折旧费用将被视为可管理的成本；相对地说，与此相关的折旧开销实际上是无法控制的成本。可控边际贡献没有充分考虑到那些应当追溯但又难以控制的生产能力成本，因此不能完整地展现该利润中心对公司整体的经济贡献。

部门的边际贡献也被称为部门毛利，这一贡献减去了利润中心管理者无法控制的间接成本，因为对于公司的最高管理层来说，所有的成本都是可以控制的。部门的边际贡献体现了该部门在为企业盈利和补偿与生产能力相关的成本方面所作出的贡献，这种贡献更多地被用于评估部门的绩效，而不是作为利润中心管理者的表现。

3. 投资中心

（1）投资报酬率。投资报酬率是投资中心获得的利润与投资额的比率，其计算公式为：

投资报酬率＝营业利润÷平均营业资产

平均营业资产＝（期初营业资产＋期末营业资产）÷2

在这之中，营业利润指的是在扣除利息和所得税之前所获得的盈利，也就是所谓的息税前利润。鉴于利润是在一个完整的时间段内积累并形成的，而营业资产则是一个时点指标，因此我们选择其平均值。

投资回报率主要反映了投资中心如何利用公司每一单位的资产来为公司的总体盈利做出贡献。该工具可以展现投资中心的整体盈利潜力，并在横向上具有比较性。因此，它有助于引导管理层更加关心营业资产的使用效率，并对资产的存量进行调整，从而更好地分配资源。但是，对投资利润率的过度关注可能导致短视的行为，过分追求局部的最大利益而忽视整体的最大利益，这可能会使管理者为了短期的好处而牺牲长期的利益。

（2）剩余收益。剩余收益是指投资中心的营业收益扣减营业资产按要求的最低投资报酬率计算的收益额之后的余额。其计算公式为：

剩余收益＝经营利润－（经营资产×最低投资报酬率）

公式中的最低投资报酬率是根据资本成本来确定的。它一般等于或大于资本成本，通常可以采用企业整体的最低期望投资报酬率，也可以是企业为该投资中心单独规定的最低投资报酬率。

剩余收益这一指标有效地弥补了投资报酬率指标可能导致的局部和整体利益冲突的问题，但由于它是一个绝对的评价标准，因此在不同规模的投资中心之间进行业绩对比是相当困难的。此外，剩余收益只是反映了当前的业绩，仅仅依赖这个指标可能会引发投资中心管理者的短视行为。

（三）内部转移价格的制定

所谓的内部转移价格，是指在企业内部各相关责任单位提供的产品或服务的最终结算价格。内部转移的价格直接影响各个责任中心的盈利状况。制定这样的价格策略可以有效地避免由于成本转移导致的责任中心间的责任转移，确保每个责任中心都能独立地进行业绩评估，并作为价格的参考信号，指导下属做出明智的决策，确保局部和整体利益的平衡。

内部转移价格的制定可以参照以下几种类型：

1. 市场价格

即以产品或劳务在市场上的当前价格作为定价的基准。市场价格呈现出客观和真实的特质，它既能满足各个分部和公司的总体利益，同时也需要一个完全竞争的外部市场来确定产品或服务的市场价格。

2. 协商价格

在内部责任中心之间，他们基于正常的市场定价，并建立了一个定期的协商机制，以共同确定一个双方都可以接受的价格作为计价准则。选择这一价格的基础是，中间存在一个非竞争性的市场可以进行交易，而在这个市场中，双方都有权利决定是否购买或出售这类产品。市场价格是协商价格的最大值，而单位变动成本则是其最小值。如果双方的协商陷入僵局，这可能会引发公司高级管理层的行政介入。

3. 双重价格

这也就是说，内部责任中心的交易参与方选择了不同的内部转移价格作为他们的计价基准。通过使用双重定价策略，交易的双方可以选择不同的市场定价或商议价格，这有助于更好地满足公司内部交易双方在多个领域的管理需求。

4. 以成本为基础的转移定价

这意味着所有内部的交易都是按照某种特定的成本价格来结算的。该方法特别适用于那些内部转移的产品或服务没有市场价格的场合，涵盖了完全成本、完全成本加成、变动成本以及变动成本与固定制造费用这四种不同的形式。基于成本的转移定价策略既简单又客观，但在信息获取和激励策略上仍存在挑战。例如，采用完全成本作为计价基础，对于中间产品的“买方”有利，而“卖方”得不到任何利润，虽然采用完全成本加成可以解决这个问题，但加成比例的确定又容易产生代理问题。同样，变动成本和变动成本加固定制造费用的计价方法也存在类似的问题。

利润分配不仅是收益分配的第二个层面，也属于狭义上的收益分配范畴。利润指的是在收入补偿了成本和费用之后的剩余金额。由于成本和费用所涵盖的具体内容与其展现的方式存在差异，因此利润的具体内容和展现方式也各不相同。如果成本费用不计算利息和所得税，那么利润将被视为税前利润；如果成本费用中包含了利息，而不是所得税，那么利润将被视为总利润；如果成本和费用都涵盖了利息和所得税，那么利润将被视为净利润。本任务中提到的利润分配是指净利润的分配方式。企业在进行利润分配时，首要的职责是挑选适当的利润分配策略。

第三节 利润分配管理

一、公司净利润的分配顺序

公司净利润的分配应按照下列顺序进行：

（一）弥补以前年度亏损

企业在提取法定公积金之前，应先用当年利润弥补亏损。企业年度亏损可以用以后年度的税前利润弥补，下一年度不足弥补的，可以在5年之内用税前利润连续弥补，连续5年未弥补的亏损则用税后利润弥补。其中，税后利润弥补亏损可以用当年实现的净利润，也可以用盈余公积金转入。

（二）提取法定盈余公积金

根据《中华人民共和国公司法》的规定，法定盈余公积金的提取比例为当年税后利润（弥补亏损后）的10%。当年法定盈余公积金的累积额已达注册资本的50%时，可以不再提取。法定盈余公积金经提取后，根据企业的需要，可用于弥补亏损或转增资本，但企业用盈余公积金转增资本后，法定盈余公积金的余额不得低于转增前公司注册资本的25%。提取法定盈余公积金的目的是增加企业内部积累，以利于企业扩大再生产。

（三）提取任意盈余公积金

根据《中华人民共和国公司法》的规定，公司从税后利润中提取法定公积金后，经股东会或股东大会决议，还可以从税后利润中提取任意盈余公积。这是为了满足企业经营管理的需要，控制向投资者分配利润的水平，以及调整各年度利润分配的波动。

（四）向股东（投资者）分配股利（利润）

根据《中华人民共和国公司法》的规定，公司弥补亏损和提取公积金后所余税后利润，可以向股东（投资者）分配股利（利润）。其中，有限责任公司股东按照实缴的出资比例分取红利，全体股东约定不按照出资比例分取红利的除外；股份有限公司按照股东持有的股份比例分配，但股份有限公司章程规定不按照持股比例分配的除外。

二、利润分配的制约因素

企业利润的分配直接关系到企业各相关方的核心利益，并受到许多不稳定因素的制约。在制定分配策略时，必须充分考虑这些因素的作用，尤其是法律、公司、股东和其他相关要素的作用。

（一）法律因素

为了保护债权人和股东的利益，法律规定就公司的利润分配作出如下规定：

1. 资本保全约束

规定公司不能用资本（包括实收资本或股本和资本公积）发放股利，目的在于维持企业资本的完整性，保护企业完整的产权基础，保障债权人的利益。

2. 资本积累约束

公司被要求必须根据特定的比例和基数来提取各类公积金，而股利只能从公司的可分配利润中支付。可供分配的利润涵盖了公司在当期根据规定提取各类公积金后的剩余金额，以及之前积累的未分配利润。另外，在进行利润分配时，一般应当贯彻“无利不分”的原则，即当企业出现年度亏损时，一般不进行利润分配。

3. 超额累积利润约束

鉴于资本收益和股利收入的税率存在差异，当公司为了规避税务而导致其盈余明显超出当前和未来的投资需求时，可能会面临额外的税收征收。

4. 偿债能力约束

公司在分配现金股利时，需要考虑其对偿还债务能力的潜在影响，确保在分配完成后仍能维持较高的偿债水平，这有助于维护公司的声誉和贷款能力，确保公司资金的正常流转。

（二）公司因素

公司基于短期经营和长期发展的考虑，在确定利润分配政策时，需要关注以下因素：

1. 现金流量

由于会计标准的规定和核算方式的选择，公司的盈余和现金流量并不是完全同步的，净收益的增加并不一定意味着可分配的现金流量会增加。在公司进行利润分配的过程中，必须确保日常经营活动对现金有足够的需求，以保证资金能够正常流转，从而保证生产和经营活动能够有序地进行。

2. 资产的流动性

企业现金股利的支付会减少其现金持有量，降低资产的流动性，而保持一定的资产流动性是企业正常运转的必要条件。

3. 盈余的稳定性

一般来讲，公司的盈余越稳定，其股利支付水平也就越高。

4. 投资机会

如果一个公司拥有众多的投资机会，并且对资金有着巨大的需求，那么它很有可能会考虑实施一个低股利支付水平的资金分配策略；反之，如果企业的投资潜力有限，对资金的需求也相对较低，那么它很有可能会选择更高的股利发放标准。另外，当公司将留存的收益用于再投资的回报低于股东单独将股利投入其他投资机会所获得的回报时，公司应该避免增加留存收益，而应该增加股利的发放，这将有助于最大化股东的价值。

5. 筹资因素

如果一个公司拥有出色的资金筹集能力，并能在任何时候成功筹得所需的资金，那么它将具备强大的股利发放实力。此外，企业内部的留存收益是一种关键的筹资手段。与发行新股或借款相比，这种方式不需要额外的筹资成本，并提高了公司权益资本的占比，从而降低了财务风险，并更容易以低成本获得债务资本。

6. 其他因素

鉴于股利所带来的信息传递效应，企业不应频繁地调整其利润分配策略，而应确保策略的连贯性和稳健性。另外，公司的利润分配策略也会受到其他企业的影响，例如，在不同的发展阶段和行业中，公司的股利支付比例可能会有所不同，这意味着公司在制定政策时必须考虑其发展阶段和所在行业的实际情况。

（三）股东因素

股东在控制权、收入和税赋方面的考虑也会对公司的利润分配政策产生影响。

1. 控制权

目前的股东经常利用股利政策来保持他们的主导地位。当企业支付过高的股利时，留存的收益会相应减少。因此，当企业为了寻找盈利的投资机会而筹集资金时，新股的发行机会会增加，而新的股东加入则可能导致公司控制权的稀释。因此，股东大会更倾向于选择较低的股利发放标准，这样可以从公司内部的留存利润中筹集必要的资金。

2. 稳定的收入

如果股东以现金股利维持生活，他们往往要求企业能够支付稳定的股利，而反对过多地留存收益。

3. 避税

由于股利收入的税率要高于资本利得的税率，一些高股利收入的股东出于避税的考虑而往往倾向于较低的股利支付水平。

（四）其他因素

1. 债务契约

通常情况下，当股利支付的水平提高而留存的收益减少时，企业面临的破产风险会增加，从而更有可能对债权人的权益造成损害。因此，为了确保债权人的权益不被侵犯，他们通常会在债务合同和租赁合同中加入有关借款公司股利政策的限制性条款。

2. 通货膨胀

通货膨胀可能导致货币的购买力降低，从而使得固定资产的重置资金变得不足。在这种情况下，企业常常需要考虑保留部分利润，以弥补因购买力降低导致的固定资产重置资金的短缺。因此，在通货膨胀的时候，企业通常会实施偏向紧缩的利润分配政策。

三、股利分配政策的选择

股利政策定义为：在法律许可的前提下，企业决定是否、支付多少以及何时进行股利发放的相关指导原则和策略。股利政策旨在实现公司价值的最大化。股利政策通常能够向市场传达诸如股利的发放数量、稳定性和增长趋势等关键信息，这些信息常常成为大部分投资者评估公司运营状态和未来发展潜力的重要依据。因此，一个公司的股利政策直接影响其在市场和投资者眼中的形象，一个成功的股利策略可以增强公司在市场上的价值。

股利政策由企业在不违反国家有关法律法规的前提下，根据本企业具体情况来制定。股利政策既要保持相对稳定，又要符合公司财务目标和发展目标。在实际工作中，通常有以下几种股利政策可供选择：

（一）剩余股利政策

剩余股利政策的核心思想是：当公司面临良好的投资机遇时，基于目标的资本结构，计算出所需的权益资本。首先，从这些盈余中提取一部分，并将其分配为股利。这意味着净利润会首先满足公司的资金需求，如果还有剩余资金，则会进行股利发放；如果没有分发的股利，那么就不会发放。MM 股利无关理论构成了剩余股利政策的理论基础。依据 MM 无关理论，在一个完全理想的资本市场环境中，公司的股利政策与普通股的每股市场价格并没有直接关联，因此，股利政策的确定仅需根据公司的投资和融资计划来进行。因此，在实施剩余股利政策的过程中，公司需要遵从以下四个关键步骤：

一是设定目标资本结构，在此资本结构下，公司的加权平均资本将达到最低水平；

二是确定公司的最佳资本预算，并根据公司的目标资本结构预计资金需求中所需增加的权益资本数额；

三是最大限度地使用留存收益来满足资金需求中所需增加的权益资本数额；

四是留存收益在满足公司权益资本增加的需求后，若还有剩余再用来发放股利。

（二）固定或稳定增长的股利政策

固定或持续增长的股利策略意味着公司每年发放的股利额会被固定在一个特定的范围内，或者在这个基础上保持一个固定的比例，以实现每年的稳定增长。只有当公司确信未来的盈余不会逆转时，它才会宣布执行固定或持续增长的股利策略。在这项政策框架内，首先需要明确股利的分配数额，并且这一数额通常不会因资金需求的波动而有所改变。

固定或稳定增长股利政策的优点有以下几个：

一是由于股利政策本身的信息含量，稳定的股利向市场传递着公司正常发展的信息，有利于树立公司的良好形象，增强投资者对公司的信心，稳定股票的价格。

二是稳定的股利额有助于投资者安排股利收入和支出，有利于吸引那些打算进行长期投资并对股利有很高依赖性的股东。

三是尽管稳定的股利策略可能与剩余股利的理论不符，但考虑到股票市场可能受到多种因素（如股东心态和其他需求）的影响，为了保持股利在一个稳定的范围内，即便是延迟某些投资计划或暂时改变目标资本结构，也可能比减少股利或降低股利的增长速度更为有益。

固定或稳定增长的股利政策存在一些明显的不足，例如：股利发放与企业盈利之间存在不匹配，也就是说，无论公司盈利多少，都需要支付固定或按固定比例增加的股利，这可能会导致企业面临资金短缺和财务状况的恶化。此外，在企业无利可分的情况下，若依然实施固定或稳定增长的股利政策，也违反了《中华人民共和国公司法》。

因此，当实施固定或持续增长的股利策略时，公司需要对其未来的盈利和支付实力作出精确的评估。通常情况下，公司设定的固定股利额不应过高，以避免陷入无法支付的不利状况。对于那些经营状况相对稳定或正处于成长阶段的公司，固定或持续增长的股利策略通常是合适的，但长时间内很难实施。

（三）固定股利支付率政策

固定股利支付率的策略意味着公司会将每年的净利润中的一个固定比例作为股利分发给股东。这个比例通常被称作股利支付率，一旦确定了股利支付率，通常不应随便更改。在这一特定的利润策略之下，一旦公司的税后盈利被准确地计算出来，分配给它的股利也会随之固定。公司的固定股利支付率越高，其留存的净利润就越少。

固定股利支付率的优点有以下几个：

一是采用固定股利支付率政策，股利与公司盈余紧密地配合，体现了“多盈多分、少盈少分、无盈不分”的股利分配原则。

二是由于公司的获利能力在年度间是经常变动的，因此，每年的股利也应当随着公司收益的变动而变动。采用固定股利支付率政策，公司每年按固定的比例从税后利润中支付现金股利，从企业的支付能力的角度看，这是一种稳定的股利政策。

固定股利支付率的缺点有以下几个：

一是大部分企业的年度收益很难维持在一个稳定的水平，这导致了年度股利额的大幅波动。由于股利作为一种信号传递机制，这种波动性很容易给投资者造成经营不稳定和投资风险较高的负面印象，这种现象通常被称为公司的不利因素。

二是容易使公司面临较大的财务压力。这是因为公司实现的盈利多，并不能代表公司有足够的现金流用来支付较多的股利额。

三是合适的固定股利支付率的确定难度比较大。

鉴于公司每年都有不同的投资机会和筹资途径，这些因素都可能对公司的股利分配产生影响。因此，坚持固定股利支付率政策的公司在实际操作中并不常见，这种政策更适合那些正处于稳定发展阶段且财务状况相对稳定的公司。

（四）低正常股利加额外股利政策

低正常股利加额外股利政策是指公司事先设定一个较低的正常股利额，每年除了按正常股利额向股东发放股利外，还在公司盈余较多、资金较为充裕的年份向股东发放额外股利。但是，额外股利并不固定化，也并不意味着公司永久地提高了股利支付率。它可以用以下公式表示：

$$Y=A+BX$$

式中，Y——每股股利；

X——每股收益；

A——正常股利；

B——股利支付比率。

低正常股利加额外股利政策的优点是：①赋予公司较大的灵活性，使公司在股利发放上留有余地，并具有较大的财务弹性。公司可根据每年的具体情况，选择不同的股利发放水平，以稳定和提高股价，进而实现公司价值的最大化。②使那些依靠股利赚钱的股东每年至少可以得到虽然较低但比较稳定的股利收入，从而吸引住这部分股东。

低正常股利加额外股利政策的缺点有以下几个：

一是由于年份之间公司盈利的波动使得额外股利不断变化，造成分派的股利不同，容易给投资者收益不稳定的感觉。

二是当公司在较长时间持续发放额外股利后，可能会被股东误认为“正常股利”，一旦取消，传递出的信号可能会使股东认为这是公司财务状况恶化的表现，进而导致股价下跌。

相对来说，对于那些盈利随着经济周期而波动较大的公司，或者当盈利与现金流量很不稳定时，低正常股利加额外股利政策也许是一种不错的选择。

四、股利分配方案的制定

在制定股利分配方案时，需要考虑如何选择股利政策、设定股利的支付标准以及选择合适的股利支付方式等关键步骤。在明确收益分配策略的基础上，财务管理团队应结合公司的具体状况来制定股利的分配计划。

（一）股利支付程序

公司股利的发放必须遵守相关的要求，按照日程安排来进行。一般情况下，先由董事会提出分配预案，然后提交股东大会决议通过才能进行分配。股东大会决议通过分配预案后，要向股东宣布发放股利的方案，并确定股权登记日、除息日和股利发放日。

1. 股利宣告日

即股东大会决议通过并由董事会将股利支付情况予以公告的日期。公告中将宣布每股应支付的股利、股权登记日、除息日以及股利支付日。

2. 股权登记日

股东有权在规定的截止日期前领取本期的股利。任何在规定的日期结束前获得公司股份的投资者，只要是公司注册的股东，都有资格作为股东获得公司分配的股息。那些在那一天后获得股票的股东，并没有资格领取这次分配的股利。

3. 除息日

即领取股利的权利与股票分离的日期。在除息日之前购买的股票才能领取本次股利，而在除息日当天或以后购买的股票，则不能领取本次股利。由于失去了“付息”的权利，除息日的股票价格会下跌。

4. 股利发放日

即公司按照公布的分红方案向股权登记日在册的股东实际支付股利的日期。

（二）股利支付形式

股利支付形式可以分为不同的种类，主要有以下四种：

1. 现金股利

现金股利是一种以现金形式发放的股利，也是最普遍的股利发放手段。当公司决定发放现金股利时，除了需要确保有充足的留存收益，现金的充足程度也是一个关键的限制因素。

2. 财产股利

财产股利是以现金以外的其他资产支付的股利，主要是以公司所拥有的其他公司的有价证券，如债券、股票等，作为股利支付给股东。

3. 负债股利

负债股利是一种以负债形式发放的股利，通常是通过公司的应付票据支付给股东，但有时也会通过发放公司债券的方式来支付股利。

尽管财产股利和负债股利在本质上可以作为现金股利的备选方案，但在我国的企业实践中，这两种支付方式并不经常被采纳。

4. 股票权利

股票权利指的是公司通过增发股票来发放的股利，在我国的实际操作中，这通常被称作红股。对于公司而言，股票股利并不意味着公司有现金流出，也不会减少公司的资产，它仅仅是将公司的留存利润转换为股本。然而，股票的权利可能会导致流通的股票数量上升，同时也可能导致股票每股的价值下降。尽管它不会改变公司股东的总权益，但它确实会对股东权利的组成产生影响。

虽然股票股利的发放不会对公司股东的总体权益造成影响，但它确实会导致资金在不同股东权益项目之间进行重新分配。在分发股票股利之前和之后，每位股东的股份持有比例都保持不变。值得一提的是，股票股利的价格是根据市场价格来确定的，这在许多西方国家是普遍接受的做法。然而，在我国股票股利的价格是根据股票的面值来确定的。

发放股票股利虽不直接增加股东的财富，也不增加公司的价值，但对股东和公司都有特殊意义。

对股东来讲，股票股利的优点主要有以下几个：

一是派发股票股利后，理论上每股市价会成比例下降，但实务中这并非必然结果。因为市场和投资者普遍认为，发放股票股利往往预示着公司会有较大的发展和成长，这样的信息传递会稳定股价或使股价下降比例减少甚至不降反升，股东便可以获得股票价值相对上升的好处。

二是由于股利收入和资本利得税率的差异，如果股东将股票股利出售，还会给他带来资本利得纳税上的好处。

对公司来讲，股票股利的优点主要有以下几个：

一是当公司有更多的投资机会时，发放股票股利并不需要支付给股东现金，这样可以为再投资提供成本更低的资金，进而促进公司的持续发展。

二是分发股票股利有助于降低公司股票在市场上的价值，这不仅可以推动股票交易和流通，还能吸引更多的投资者成为公司的股东，从而实现股权的更广泛分散，有效地避免公司受到恶意操控。

三是通过发放股票股利，可以向投资者传达公司未来发展的积极信息，这有助于增强投资者的信心，并在某种程度上稳定股票的价格。

第四章　固定资产与无形资产管理

第一节　固定资产管理概述

一、固定资产的概念

按照财政部2006年发布的《企业会计制度》中的规定，固定资产是指企业为生产商品、提供劳务、出租或经营管理而持有的，使用寿命超过一个会计年度的有形资产。要对固定资产予以确认还需同时满足下列条件：一是与该固定资产有关的经济利益很可能流入企业；二是该固定资产的成本能够可靠地计量。固定资产属于物质资料生产过程中用来改变或影响劳动对象的劳动资料，是企业在生产经营过程中的主要劳动手段，其使用期限较长，单位价值较高，并且在使用的过程中保持原有的实物形态。

二、固定资产的分类与计价

（一）固定资产的分类

由于企业拥有多种类型和不同规格的固定资产，为了更有效地进行管理，有必要对这些固定资产进行科学和合理的分类。基于各种管理的需求和准则，固定资产可以作如下分类：

1. 按照固定资产的经济用途分类

该系统能够分类、反映并监控各种固定资产在所有固定资产中的构成和变动，这有助于评估和分析企业固定资产的使用状况，进而推动企业更加合理地配置固定资产，以最大化其使用效果。

（1）生产经营用固定资产。生产经营用固定资产是指直接参加企业生产经营活动或直接服务于企业生产经营过程的各种固定资产，如生产经营用的房屋、建筑物、机器、设备、器具、工具等。

（2）非生产经营用固定资产。非生产经营用固定资产是指不直接参加企业生产经营活动或不直接服务于企业生产经营过程的各种固定资产，如职工宿舍、食堂、浴室、招待所、学校、幼儿园、俱乐部、理发室、医院、疗养院等企业公共福利设施；文化、卫生保健方面使用、专设的科学研究试验机构等单位使用的房屋、建筑物、设备等固定资产。

2. 按照固定资产的使用情况分类

这样既便于分析固定资产的利用效率，挖掘固定资产的使用潜力，也便于合理、正确地计提折旧。

（1）在用的固定资产。所谓在用的固定资产，是指那些仍在使用中的生产和非生产经营性质的固定资产。那些因季节性运营或大规模维修而暂时中断使用的固定资产，无论是企业租赁给其他单位的，还是用于内部更换的，都被视为正在使用的固定资产。

（2）未使用的固定资产。所谓未使用的固定资产，包括已经完工或已经建设完成但尚未交付使用的新增固定资产，因各种原因如改建或扩建而暂停使用的固定资产，以及已经获得批准停止使用的固定资产。例如，企业尚未安装的固定资产、因经营任务改变而停止使用的固定资产等。

（3）不需用的固定资产。所谓不需用的固定资产，是指那些超出本企业当前需求、已经提交给上级并处于等待处理状态的多余或不适用的固定资产。

3. 按照固定资产的经济用途和使用情况等综合分类

（1）生产经营用固定资产。

（2）非生产经营用固定资产。

（3）租出固定资产。

（4）不需用固定资产。

（5）未使用固定资产。

（6）土地。

（7）融资租入固定资产。

（二）固定资产的计价

固定资产计价涉及使用货币和实物两种计量单位来评估企业固定资产的价值，这包括计价的方法和价值的构成两个方面。在这里，我们专门讨论了三种不同的固定资产计价方式：基于原始价值的计价、基于重置价值的计价以及基于折余价值的计价。

1. 按原始价值计价

所谓的原始价值，是指企业在购置、建设、安装或获取某项固定资产至其可用状态之前所产生的所有合理且必要的财务支出。根据这种计价方式所确定的价值都是真实发生并有相应证明的支出。这种计价方式既客观又可验证，能够真实地反映对固定资产的初始投资，并在企业新建固定资产时作为计价和确定折旧的参考依据。尽管物价水平经历了显著的波动，但这并不能真实地展现出企业当前的生产能力规模。

2. 按重置价值计价

所谓的重置价值，是指在目前的生产技术环境中，企业为了重建相同的固定资产所需的全部资金支出。采用这种计价方式可以较为真实地展现固定资产的实际价值，但同时也伴随着计价的准确性和会计操作的复杂性等多个问题。因此，在固定资产出现盘盈或其他企业获得无法确定原价的固定资产的情况下，可以通过清查财产来确定盘盈固定资产的价值，或者在对财务报表进行补充和附注说明时采用这种方法。

3. 按折余价值计价

所谓的折余价值，是指在固定资产的原始价值或完全重置价值减去已经计提的折旧后得到的净数值。该数据揭示了企业在固定资产上的实际占用金额，也就是固定资产的净值，这有助于了解固定资产的历史和现状。这种技术主要被用于估算固定资产的盈亏，如盘盈、盘亏和损坏等情况。

三、固定资产管理的基本目的与基本要求

在企业的长期投资策略中，固定资产的投资与管理占据了至关重要的位置。加大对固定资产投资和管理的力度，特别是在固定资产折旧、日常监控、评估以及项目投资管理等方面，可以帮助企业更准确地估算固定资产的需求，从而更高效地使用固定资产资金，确保资金的安全性和完整性，保持固定资产的再生能力，并提高其使用效率。这有助于强化对固定资产投资的科学和合理决策，从而提升投资的回报，并对企业的整体生产和运营带来深远的积极效果。与此同时，企业有责任建立关于固定资产的购买、建设、使用和处理的制度。在购买重要固定资产或进行重大技术改造时，必须进行可行性研究，并按照内部审批制度来执行财务决策程序，确保决策和执行责任得到落实。

企业加强固定资产管理，应遵循以下几个方面的要求：

（一）科学地进行固定资产的预测分析

伴随着社会经济的持续增长和科技的不断进步，企业的生产和经营活动也在不断壮大，因此，企业所需的固定资产在数量、结构和效能方面也在不断地发生变化。因此，准确地预估固定资产的需求量成为固定资产管理中的核心任务和首要步骤。

（二）正确地计提固定资产的折旧

企业所提取的固定资产折旧为固定资产的更新提供了必要的资金。在固定资产的使用过程中，任何价值的损失都可以通过计提折旧的方法得到合理的补偿，以确保固定资产的更新能够顺利且及时地进行。

（三）切实做好固定资产的保管工作

固定资产被视为企业的宝贵资产，确保其物理完整性是固定资产管理的核心准则，同时也体现了企业的责任。

（四）不断提高固定资产的利用率

鉴于固定资产的大量存在和大量的资金占用，企业通过高效的固定

资产管理，不仅可以减少对固定资产的投资，还能充分利用固定资产的潜在价值，减少产品的生产成本，并为企业创造更多的利润空间。

第二节　固定资产折旧管理

一、固定资产的概述

在固定资产的使用过程中，它可能会不断地遭受有形或无形的损耗，而随着这些损耗，其价值会逐步转移到固定资产的折旧上。这部分资产转移的价值体现为固定资产损失的货币形态，并被以折旧费用的方式纳入成本费用中，从而从企业的营业收入中获得相应的补偿，并转化为货币形式的资金。

（一）计提固定资产折旧的影响因素

固定资产的原始价格是用于计算折旧的依据。在企业进行具体的计提折旧时，应以每月初应计折旧的固定资产账面原价作为依据，当月新增的固定资产，当月不提折旧；当月固定资产减少时，应按当月计算折旧。

固定资产的净残值指的是在预期固定资产报废时，可以回收的剩余价值减去预期的清理费用后得到的金额。它作为调整折旧过程的基础，其决策过程具有一定程度的主观成分。

固定资产使用的年数直接决定了每个时期应当计提的折旧金额。固定资产使用的年数越长，其应当计提的折旧金额也就越大。在确定固定资产的使用期限时，我们主要关注该固定资产预期的经济使用年限，而不是其实际的物理使用年限，这意味着我们需要综合评估固定资产的有形和无形损耗。但是，对于固定资产的有形和无形损耗的精确估计是困难的，因此，对固定资产的使用寿命进行合理的预估是必要的，这一决策也带有一定的主观成分。

根据固定资产的特性和使用模式，企业应合理预估其净残值以及预期的使用寿命。为了避免出现折旧率过低和折旧年限过长的问题，企业应当基于固定资产折旧年限表来制定详细的固定资产目录和折旧年限。

（二）计提固定资产折旧的范围

企业应计提折旧的固定资产包括生产经营用的固定资产、非生产经营用的固定资产、租出固定资产等在用的固定资产。具体地说，包括：

房屋和建筑物、仓库不管是否使用都应计提折旧；

在用的机器设备、仪器仪表、运输工具；季节性停用、大修理停用的设备；

融资租入和以经营租赁方式租出的固定资产。不应计提折旧的固定资产包括：

除房屋和建筑物以外的未使用、不需用的机器设备，以经营租赁方式租入的固定资产；

在建工程项目交付使用以前的固定资产，已提足折旧继续使用的固定资产；

已全额计提减值准备的固定资产，未提足折旧提前报废的固定资产；

破产、关停企业的固定资产；

过去已经估价单独入账的土地；

国家规定不提折旧的其他固定资产。

二、固定资产折旧方法

固定资产的折旧管理是一项至关重要的任务，它对公司的产品成本、销售定价、盈利以及货币资产等方面都产生了深远的影响。对于固定资产，如果其各个组成部分具有不同的使用寿命或以不同的方式为企业带来经济利益，并且适用不同的折旧率或折旧方法，那么应该分别将这些组成部分认定为单独的固定资产。企业在选择折旧方法时，应根据固定资产的特性和使用方式，并遵循一致性的原则。换句话说，无论是使用直线法还是加速折旧法来计算某一固定资产，其在预期使用年限内应计提的总折旧金额都是一致的。

（一）直线折旧法

采用直线法，各年计提的折旧额相同。

1. 平均年限法

平均年限法是根据固定资产的原始价值、清理费用和残余价值，将固定资产的折旧均衡地分摊到各期的一种方法。其计算公式如下：

$$固定资产月折旧率=\frac{1-预计净残值率}{预计使用寿命（年）}\times 100\%$$

$$固定资产月折旧率=年折旧率\div 12$$

$$固定资产应提折旧额=原始价值-（预计残余价值-预计清理费用）$$

$$固定资产年折旧额=\frac{固定资产应提折旧额}{预计使用年限}$$

$$=\frac{原始价值+预计清理费用-预计清理费用}{规定的折旧年限}$$

$$=原始价值\times 固定资产年折旧率$$

$$固定资产月折旧额=年折旧额\div 12$$

2. 工作量法

工作量法是以固定资产折旧总额除以预计使用期内可以完成的总工作量，根据实际工作量求得单位工作量折旧额的方法。此方法适用于各项固定资产的使用时间不均衡的情况。其基本计算公式为：

$$每单位工作量折旧额=\frac{原始价值\times（1-预计净残值率）}{预计总工作量}$$

$$某项固定资产月折旧额=该项固定资产当月工作量\times 每单位工作量折旧额$$

（二）加速折旧法

在初始阶段，固定资产具有最高的生产效率，但随着时间的流逝，这些资产逐渐遭受磨损，从而导致其带来的经济收益逐步减少；在固定资产使用的总成本里，用于维护和护理的费用每年都在上升；在科技飞速进步的背景下，固定资产的无形损失对其折旧产生的影响往往超过有形损失。通过使用加速折旧方法，固定资产的成本能在其使用期限内更快地得到补偿，这一做法是符合谨慎性和配比原则的。加速折旧法在某种程度上同时考虑了固定资产的有形损失和无形损失。其显著特性在于，在固定资产的使用周期内，早期各个年度的折旧成本明显高于后期各个年度的折旧成本。采用加速折旧法可以显著地促进我国固定资产的更新和替换，更好地满足现代科技发展的需求。因此，加速折旧法在多个领域都有广泛的应用，包括但不限于机械设备和办公用品。然而，并非所有固定资产都需要进行加速折旧。对于在房屋和建筑物等相似使用条件下的固定资产，直线折旧法通常是更优的折旧选择。

1. 双倍余额递减法

此方法以平均年限法折旧率的双倍乘以逐年递减的固定资产净值来求各项折旧费用。值得注意的是，在计算平均年限法折旧率时，不考虑固定资产残值。计算公式如下：

$$\text{双倍余额递减法年折旧率}=\text{平均年限法折旧率}\times 2$$

$$=\frac{2}{\text{预计使用寿命}}\times 100\%$$

$$\text{年折旧额}=\text{固定资产账面净值}\times\text{年折旧率}$$

2. 年数总和法

此方法又被称为年限合计法，是一种变率递减法，每期用固定资产折旧总额乘以递减的折旧率来计算当期固定资产折旧额。即：

固定资产折旧总额＝原始价值＋（预计清理费用－预计残余价值）

$$\text{折旧率}=\frac{\text{固定资产尚可使用的年数}}{\text{预计使用寿命的年数总和}}$$

其中，设估计使用年限为 n 年，年数总和＝固定资产使用年限的各年年数之和$=\frac{n\,(n-1)}{2}$

即，假定某项固定资产使用年限为 6 年，则：

$$\text{年数总和}=1+2+3+4+5+6=21$$

固定资产尚可使用的年数＝使用年数的各个顺序数字按颠倒顺序排

列，即：第一年为6，第二年为5，第三年为4，以此类推。

企业在选择和确定固定资产折旧方法时，可以咨询中介机构和相关专家的建议，并提交给投资者进行审查和批准。一旦选择了固定资产折旧的方法就不能随便更改。如果确实需要进行更改，必须给出具体原因，并经过投资者的审查和批准。企业在选择固定资产折旧方法时，不仅需要考虑到固定资产损耗的实际状况，还需要确保这些方法能够满足企业的生产和经营战略目标，从而满足企业在固定资产生产和技术方面的需求。由于各种折旧方式对公司的财务管理带来的效果各不相同，因此，不同的折旧计算方式会导致企业在每个经营周期内所需承担的费用有所差异。这不仅会直接决定产品的成本和定价，还会对企业的净收益和应缴纳的所得税金额产生影响。此外，这也会对企业的固定资产账面净值产生影响，进而影响其购买和更新固定资产所需的资金积累，最终可能对企业当前的盈利和未来的发展策略造成影响。此外，对于如核电站和海上石油钻井平台这样的大型固定资产，预估的弃置费应当被纳入固定资产的总成本中，并进行折旧计算。

第三节　固定资产项目投资管理

一、项目投资的概述

（一）项目投资的概念

项目投资可以定义为一种针对特定项目的长期投资活动，其目的是提升生产能力和改善生产环境，这与新建或更新改造的项目有直接的关联。相较于金融投资，项目投资主要是对公司的直接投资，它与其他经济实体之间不存在资本的收支关系，可以被视为一种内部和直接的投资方式。

（二）项目投资的分类

根据项目投资与企业未来的经营活动之间的联系，可以将其分类为持续性投资和增强生产能力的投资；根据投资的目标，可以将其分类为固定资产投资、无形资产投资以及递延资产投资；根据其对公司未来的潜在影响，可以将其分类为战略性投资和战术性投资；根据它们之间的联系，可以将其分类为关联型投资和非关联型投资；根据增加利润的方式，可以将其分类为增加收益的投资和减少成本的投资；从决策的视角来看，投资可以分为是否接受投资和是否选择互斥投资。

我们不能简单地将项目投资视为固定资产的投资。从工业企业的角度看，项目投资可以被划分为旨在增加生产能力的新建项目，这是一种外延式的扩大再生产能力的方式；那些旨在恢复或提高生产能力的更新和改造项目，可以归类为简单再生产或内涵式扩大再生产能力的类别。新启动的项目所涉及的具体内容，还可以进一步划分为纯粹的固定资产投资项目和完全的工业投资项目。纯粹的固定资产投资项目的显著特性是：在整个投资过程中，仅涵盖了为获得固定资产所需的垫支资金，并未包含周转资金的使用；而完整的工业投资项目不仅涵盖了固定资产的投资，还包括了流动资金的投资，甚至还包括了无形资产、长期待摊费用等其他长期资产项目的投资。

二、固定资产投资的特点和程序

（一）固定资产投资及特点

固定资产投资指的是公司将所筹集的资金投入固定资产再生产的商业活动中。例如对基础设施项目的资金投入；对资源的挖掘与应用；对厂房进行新建、扩充和改造；对于固定资产，如设备的购买和更新，都需要进行深入的挖掘、创新和改进；探索新的市场或研发新的产品；探索新的生产方式。固定资产投资具有如下特点：

1. 投资资金量大，投资次数少

固定资产的投资规模相当大，一次性的资金投入也非常庞大，因此企业通常不会频繁地进行固定资产的投资，通常需要数年才会进行一次，而且在一定的时间范围内，资金的占用也是相对稳定的。因此，财务团队需要进行特定的资金募集活动，以确保所有必要的资金能够及时到账，同时也为财务人员提供了足够的时间来研究这些资金筹集的可能性。

2. 资金投入时间长，变现能力差

固定资产在经济和物理上的使用寿命都相对较长，当资金投入后，其投资的回收周期往往超过一年。另外，固定资产一旦建立起来，想要重新定义其功能或出售它将变得极为困难，这也导致了它的变现能力相对较弱。这意味着企业需要通过深入的科学分析来做出详尽的固定资产投资选择。

3. 对企业未来的生产经营和财务状况影响较大

固定资产投资对公司的生产、经营和财务健康有着长期的影响，它的盈利能力直接关系到整个公司的盈利情况。投资的方向选择是否恰当，将决定公司是否能够持续生存和发展。

（二）固定资产投资的程序

1. 提出投资项目

考虑到企业的长期发展策略、中长期的投资规划以及投资环境的演变，我们在掌握了有利的投资机遇后，提出了相应的投资方案。在生产、市场、财务等多个领域，组织专家和主管部门的相关人员根据投资预算来规划投资来源，并起草书面的投资计划。

2. 评价投资项目

评价投资项目主要涉及以下工作：

（1）对提出的投资项目进行适当的分类。

（2）计算有关项目的生产成本，流动资金需要量，企业的盈利水平及投资效果，预测现金流入和现金流出。

（3）运用各种指标把各项投资的可行性进行排序。

（4）撰写详细的评价报告，报请上级批准。

3. 投资项目的决策

评价后应按分权管理的决策权限由董事会、股东大会、企业高层管理人员或相关部门经理作最后的决策。决策结果分为以下三种：

（1）接受，进行投资。

（2）拒绝，不进行投资。

（3）返还给项目提出部门，重新调查，再做处理。

4．投资项目的执行

一旦决定对某个项目进行资金投入，就需要积极地募集必要的资金以实施该项目的投资计划。在执行投资项目的过程中，必须对工程的进度、质量和施工成本进行严格控制，以确保投资预算能够按计划、高质量地完成。

5．投资项目的再评价

在执行投资项目时，应仔细检查之前做出的投资决策是否合乎逻辑，是否准确无误。当新的情况出现时，我们需要根据这些新的状况进行持续的评估，并及时决定是否中断，以减少可能的损失。

企业在建工程项目交付使用后，应当在一个年度内办理竣工决算。

三、固定资产投资的决策评价方法

（一）现金流量的内容及测算

1．现金流量的概念

现金流量是指企业拟投资的某一个固定资产项目在未来一定时期内的每年现金流出量、现金流入量和现金净流量。

（1）现金流出量。包括：所投资固定资产的全部购建成本、运输费用、安装费用、调试费用等；固定资产应开支的维修费用、更新改造支出；与固定资产投资有关的职工培训支出、谈判费用、注册费用、税收费用支出等；因使用该项固定资产必须增加的变动成本；由此而相应投入的流动资产投资等。

（2）现金流入量。包括：所投资固定资产在建成投产后每年可增加的营业收入（或可降低的成本）；该项固定资产在报废时的残值收入（或中途的变价收入）；该项固定资产在使用期满时所能收回的流动资产投资。

(3) 现金净流量（NCF：Net Cash Flow）。现金净流量指的是，投资的固定资产在完工并开始生产后每年的营业收入增长与使用该固定资产导致的年度变动成本和维护费用之间的差值，也就是现金流入和流出的差额。

2. 现金流量的测算

在某一固定资产投资项目的各个阶段，如准备阶段、建设阶段、生产与经营阶段以及项目结束阶段都会出现现金流。在项目的前期准备和实际建设阶段，所投入的资金被视为现金流出量，因此，这些资金的净流量通常都不超过或等于零；在投资和经营的过程中，净现金流量一般都会超过零。现金净流量的基本计算公式如下：

现金净流量＝投资现金流量＋营业现金流量＋项目终止现金流量

（二）固定资产投资的决策评价指标及其应用

1. 评价指标的概述

评估标准是为了量化和对比投资项目的实施可能性，从而为方案的制定提供量化的准则和度量标准。它是由一组量化的指标组成，这些指标全面地反映了投资的收益和投入与产出之间的关系。

在评估固定资产投资时，我们可以根据是否考虑到资金的时间价值，将其分类为非贴现和贴现两种指标。非贴现指数也被称作静态指数，它主要涵盖了投资的回收期和投资的利润率等方面；贴现指标，也被称作动态指标，主要涵盖了净现值、现值指数以及内含报酬率等多个方面。

2. 固定资产投资决策评价指标应用

(1) 非贴现指标的含义、计算方法及优缺点。非贴现指标是在指标计算过程中不考虑资金时间价值的决策指标。

①投资回收期。投资回收期（PP：Payback Period）是指拟投资固定资产回收全部投资所需时间（年数）。投资回收期法是一种通过计算该投资计划所需时间长度来判断其可行性的评估手段。一旦确定了投资

方案的投资回收期，投资回收期的缩短意味着该投资的风险降低，资金的使用效率提高，其变现能力也随之增强。在所有方案中，投资回收期最短的被认为是最优选择。

固定资产投资回收期的计算公式如下：

投资回收期＝投资总额/预计每年现金净流量

其中，投资总额是指拟投资项目的全部原始投资额。预计每年现金净流量是指平均每年的预计净收益与年折旧之和。

投资回收期法的一个显著优势是其计算过程简洁，这有助于企业在进行资产投资后更快地缩短投资周期，并尽早实现投资回报。这种方法的不足之处在于它没有考虑到资金的时间价值，因此无法预测即将投资的项目在未来的盈利状况。该方法仅仅关注了净现金流量中小于或等于初始投资额的那一部分，却忽视了现金流量在回收期之后的变化，这进一步导致了对长期效益的忽视。实际情况是，具有战略重要性的长期投资在初期通常收益较低，但在中后期则表现出更高的收益水平。

②投资利润率。投资利润率（ROI）又称作投资报酬率、投资收益率、平均收益率、会计收益率，是指根据拟投资项目各个不同方案的预期可获得的年平均利润占投资总额的百分比。

投资利润率法的一个显著优势是其计算过程简洁，与传统的投资回收期法相比，它更多地考虑了回收期后的收益，并采纳了会计收益与成本的概念，这使得决策者更容易理解。这种方法的不足之处在于，它既没有考虑到资金的时间价值，也没有全方位地考虑到现金的净流量，因此在实际操作中很少被采用。

（2）贴现指标的含义、计算方法及优缺点。贴现指标是在指标计算过程中充分考虑资金时间价值来决策方案的优劣。

①净现值。净现值（NPV：Net Present Value）是指在投资方案的实施运行过程中，按行业基准收益率或企业设定的贴现率计算的投资项目的未来现金净流入量的现值之和与原始投资之间的差额。更明确地说，在固定资产投资中，现金的流入和流出在时间和数量上都是有差异

的，因此，需要按照预定的贴现率将这两种现金流出量转换为现值，并将这二者的现值进行对比，得到的差值即为投资计划的净现值。净现值法基于对固定资产投资回收额的“资金时间价值”的深入考量，并结合“投资风险价值”的相关因素，采用现金流量贴现技术来评估固定资产的投资回报，从而为固定资产投资提供决策依据。

在某些情境下，多种不同的投资方案在一段时间内都能使收支平衡后的净利润用来补偿投资，尽管还存在额外的部分，但由于它们所能带来的利润差异较大，因此采用这种方式来挑选最合适的投资策略变得尤为重要。

净现值的经济意义就在于投资方案超过基本报酬后的超额报酬。采用净现值法进行投资方案的决策，一般有以下步骤：

首先，测定投资方案各期的现金流入量和现金流出量，计算出各期的现金净流量；然后，按照确定的贴现率，分别将各期的现金净流量按复利方式折算成现值；最后，计算出各期的现金净流量现值的代数和，即得到该项目的净现值。

在采纳与否的决策中，当净现值大于或等于零时，该方案可行；当净现值小于零时，该方案不可行。如果几个方案进行比较，则净现值大于零且金额最大者为最优方案。

在实务中，一般可采取以下几种方法确定贴现率：第一，以社会平均资本成本率为基准，即按货币时间价值计算的无风险最低报酬率；第二，以投资的机会成本率作为基准；第三，贴现率是基于行业的平均资金回报率来确定的。根据投资的各个阶段，我们可以选择不同的贴现率。例如，在计算建设期的现金净流量现值时，可以采用贷款的实际利率作为贴现率；在估算经营期间的现金净流量现值时，我们采用了全社会资金的平均收益率作为贴现率。此外，投资者需要自行确定他们期望的预期回报率，这涉及投资的风险回报和通货膨胀等多种因素的考量。

净现值法的优点在于：第一，该方法充分考虑了资金的时间价值，计算过程简单，能够基本满足多种投资方案的决策需求；第二，净现值法是基于一个假设，即投资项目在各个阶段产生的现金流量，通常是通过采用特定的资本成本率作为平均报酬率来计算的，这样做是相对客观的；第三，已经对投资的风险进行了考量。只要在所使用的贴现率中纳入了所需的投资风险回报率，净现值法就可以有效地评估投资的风险。风险水平越高，相应的贴现率也就越高。

净现值法的缺点主要表现在：第一，净现值是一个具体的数值，它代表了投资所获得的利润，也就是投资的回报，但它并不能真实地表示税后净现金的流入能力，也不能反映项目的回报率；第二，确定所使用的贴现率是相当困难的。在相同的计划里，当考虑到投资的风险时，很难准确地设定所需的风险回报率。当两个方案使用不同的贴现率进行贴现时，使用净现值法无法得到准确的比较结果。现金净流量的测量相当具有挑战性，这直接影响了净现值计算的准确性；第三，当进行独立投资方案的决策时，如果各个方案的初始投资额存在差异，那么有时很难做出准确的决策；第四，使用净现值法在某些情况下并不能直接对所有不同寿命期的投资计划做出决策。由于这两个项目的生命周期不同，它们的净现值是无法进行比较的。在决策不同寿命期的投资方案时，采用净现值法是一个可行的方法，其中一个可行的途径是将所有方案转换为具有相同寿命期的方案进行对比分析。

②现值指数。现值指数（PI：Present Value Index），也称为获利指数（Profitability Index）、效率成本比率（Benefit-cost Ratio）、现值比率、贴现后收益一成本比率，是未来现金流入量现值与现金流出量现值的比率。其计算公式为：

现值指数＝未来报酬总现值/投资总现值

当现值指数（PI）大于或等于 1 时，该方案可行；当现值指数（PI）小于 1 时，该方案不可行。如果几个方案的现值指数（PI）均大于 1，那么现值指数值最高的则作为优先考虑的方案。

现值指数是一个用于衡量投资回报能力的相对数值，它可以被视为 1 元原始投资所期望获得的净现值收益，从而反映出投资的高效性。现值指数法为不同原始投资额的方案提供了一个统一的比较基准，适用于对不同原始投资额的方案进行对比。

现值指数法与净现值法在优点和缺点上都有很多相似之处，它们都只能基于预定的基准收益率来评估项目的可行性。但现值指数法能够从一个动态的视角展现项目投资的资金投入与其总产出之间的联系，这弥补了净现值法在不同投资方案间无法进行比较的问题，使得投资方案可以直接使用现值指数来进行比较。它的不足之处在于不能真实地展现投资项目所能实现的收益率。

净现值法更偏向于对互斥项目进行比较，而现金指数法则更偏向于对独立项目进行比较。通常来说，在选择投资项目时，应以现值指数法为标准，优先考虑现值指数较高的项目。然而，当一个投资项目需要极高的收益率，并且企业资金充足，没有其他更优的投资方向时，应以净现值法作为决策依据。

③内含报酬率。内含报酬率（IRR：Internal Rate of Return）是指能够使未来现金流入量现值等于未来现金流出量现值的贴现率，即使投资方案净现值为零的贴现率，可以看成投资项目所能承受的最高资本成本。它反映的是方案本身实际达到的报酬率。

内含报酬率法的主要优点：该方法不仅充分考虑了资金的时间价值，还全面评估了项目的现金流情况，同时避免了在使用净现值法和现值指数法时确定贴现率这一复杂且容易引发争议的问题。内含报酬率是一个相对的数值，它揭示了投资项目可能获得的回报。从经济学的角度看，它与利率相似，给人一种直观的感觉，容易被决策者所理解。

内含报酬率法的主要缺点：在非等额收益的场景中，计算过程相当复杂，因此很难直接评估投资的风险程度。我们假设，投资项目在各个阶段产生的现金流主要是基于其内部回报率作为平均回报率获得的，而不是基于所有项目都需要并可能实现的资本成本率，这导致了缺乏客观的经济支持。当一个投资项目的现金流出现不稳定的波动，并多次调整其符号时，由于数学公式的特性，可能会得出多个内部回报率，这使得决策者在选择时感到困惑。

第四节　固定资产日常管理

固定资产的日常管理属于对固定资产的经常性管理。固定资产日常管理须遵循“价值管理与实物管理结合，用和管结合，账实相符”的原则。实行账实分管，财务会计部门管账，财产管理部门管物。

企业各部门需要抓好以下工作：

一、建立健全固定资产归口分级管理和使用保管责任制

为了有效地管理和使用固定资产，我们必须确立并完善固定资产的管理体系，妥善处理企业与其下属单位在固定资产的存储和使用上的关系，确立明确的责任制度，并消除无人负责的情况。

如果企业想要更好地管理固定资产，就必须合理地分配各方的权利和责任，充分激发各部门、各级单位以及广大员工的工作积极性和主动性，而首要任务是按照不同的类别实施集中式和分级的管理，也就是说，根据固定资产的各种类别，将其分配给相关的职能部门进行管理，各个企业可以根据自身的条件和具体的情况来确定管理的范围，如仓库、机动车船等由储运部门管理；机械设备、生产设备等由机械设备部门管理，其他房屋、建筑物、管理用具等由行政部门管理。各归口部门负责对所管各类固定资产的请购、管理、使用、调配、维修和清理，并定期对固定资产的使用养护情况进行检查。

在实行归口管理的同时，必须建立起职能部门对固定资产的保管使用责任制，实行分级管理，也就是要在企业主管领导下，由各职能部门按照各类固定资产的使用地点分工负责固定资产的管理工作，还要将权力和责任落实到车间、班组、个人，用管定人，用管结合，根据谁用、谁管、谁负责维护保养的原则，做到物物有人管，层层负其责，建立起谁用谁管的责任制，实行定人、定岗、定责、定奖、定罚，将责、权、

利具体化，形成相应的规章制度。

通常来说，固定资产管理部门的核心职责包括：建立固定资产的使用、存储、维护和保养规定，并确保使用单位和个人严格按照这些规定行事；我们严格遵循财产管理规定，处理固定资产的内部转移、整理和报废等事务，确保及时了解固定资产的增减和具体分布，并定期与财务部门核实账目；确保固定资产安全地使用是至关重要的；对固定资产进行合理的更新和改造，确保其始终处于最佳的技术应用状态。

对于固定资产的使用部门和个人来说，他们的主要职责是严格执行固定资产的管理规定，严格按照操作流程和设备维护保护条例来操作，并根据设备的实际性能来规划生产和经营活动，确保设备能够正常工作；定期进行设备的维护和保养，并持续监测其运行状况。更明确地讲，所有使用单位都应该对机械设备部门和其他管理职能部门承担责任，严格遵守所有财产管理规定，加强固定资产的日常维护和保养，确保固定资产的完整性，并不断提升其完好率和使用效率。此外，所有级别的使用单位都应指派专门的人员，全权负责公司固定资产的管理任务。

二、建立健全固定资产账卡和记录，保证准确、详细的固定资产资料

财会部门应加强与固定资产管理和使用部门的协作，固定资产做到账、物、卡以及数据库完全相符。

财务和会计部门有责任对固定资产进行合理的估价，准确地计算其折旧，并根据固定资产的分类准则来建立固定资产的总账和明细账，通过“固定资产”“固定资产基金”表内科目和“固定资产折旧”“土地使用权”“在建工程”表外科目进行会计核算；对于所有的固定资产，都需要按照类别、分项和顺序进行编号，确保每一项固定资产都有其独特的编号，并定期整理固定资产的目录和报告。根据固定资产目录进行统一的分类和编号，并建立固定资产账簿。每个账户都要详细记录与固定

资产相关的信息，如每项固定资产的编号、类别、名称、规格、技术特征、附属物、使用单位、所在地、购进或调入时间、原价、预计使用年限以及修理、改造、转移、调出、报废、清理等情况，新进设备也要及时建卡入账。“固定资产账卡”通常应一式三份，一份由财务部门保管，一份由财产管理部门保管，一份由使用部门保管。财务部门所保管的固定资产卡片，除了需要按照固定资产的种类进行分类，还应根据使用部门进行分类存储。如果卡片有任何增加或减少的情况，应立即进行相关卡片的登记，并提供详尽的文字描述，以确保卡片内容的完整性和真实性，并据此调整其存放地点，以便更准确地了解固定资产的实际状况。依据“固定资产账卡”构建“固定资产管理系统”，为在固定资产管理的过程中提供及时、准确的各种数据资料搭建平台，来便利查找和核对。

使用固定资产的单位应当对其所使用的固定资产进行严格管理，创建固定资产使用记录册，明确责任人，并及时向管理部门报告固定资产的实际使用状况，同时确保其得到日常的妥善保管和维护。在使用部门的相关人员发生调动时，必须迅速处理固定资产的转移事宜。

固定资产管理部门应建立健全固定资产使用、保管和财产领用登记制度；使用“固定资产管理系统”记录固定资产卡片，统计生成“固定资产登记簿”和报表；定期或不定期地保养、检修和维护固定资产；组织对固定资产的清查。

所有部门都应当定时核实固定资产卡片、登记册和固定资产明细账的余额，确保它们之间的一致性。通过将账卡与数据库相结合，我们可以更有效地预防乱账和错账的情况，同时也更方便地进行固定资产资料的收集、处理、组织和长期保存。

三、定期对固定资产的使用、保管、调拨、出售、清理、修理进行经常性的核算和检查

为确保固定资产的完整性并持续优化其使用效益，财务部门有责任

对固定资产的存在和使用状况进行深入的核算和评估。因此，财务部门需要与固定资产管理部门合作，共同建立和完善固定资产管理制度和财产管理办法，对财产的增减变动、内部转移、修理、清理等方面的规定进行统一而严格的程序。依据固定资产的核算数据，了解固定资产的增减和分布状况，检查相关部门如何执行财产管理措施，并定期评估固定资产的使用效果，以确保各个部门能够有效地管理和使用固定资产。

财务部门在处理调入或基建完工后交付使用的固定资产时，应与固定资产管理人员紧密合作，深入现场，根据固定资产交接的凭证，认真完成固定资产的验收和交接工作。需要对新增的固定资产进行数量核查，确认其名称、型号、规格和数量是否与凭证上的数据一致，并确认所提供的附件和工具是否完备。为了确保固定资产的质量，需要与技术人员和工人合作，对其技术状态进行全面检查，以确认其性能是否达标和质量是否满足技术规范。需要对造价进行核实，以确定新增固定资产的成本以及购买和调入的价格是否与实际情况相符。一旦发现有问题，应与固定资产管理部门合作，向相关部门提出建议，并采取相应措施，确保问题得到及时处理。

对于在生产和经营活动中不需要使用的固定资产，企业应依照既定的流程进行调配或销售，以确保其最大限度地发挥效用，实现资源的最大化利用。在进行固定资产的调拨和出售过程中，财务工作人员需要与固定资产管理人员共同前往现场，完成这两个主要任务：一要核实调拨和出售的固定资产是否与固定资产管理部门出具的调拨单或出售单相符，确认接收或购买单位的调拨单或出售单上列出的单位名称是否一致；二要对实物进行核实，依据固定资产的调拨和出售证明，确认调拨和出售固定资产的名称、型号、规格以及附带的备件的数量和质量。在企业内部各单位之间进行资金调配时，财务专员也应当亲自前往现场进行详细的手续核查，核实物品的真实性，并妥善处理固定资产的交接事宜。

企业对于已经磨损、陈旧，不能继续使用的固定资产，可由使用或保管该项固定资产的部门填制“固定资产报废申请单”，由领导、专业人员和工人一起鉴定，按照规定手续上报，经批准后进行清理。在进行资产清理的过程中，财务工作人员需要与固定资产管理团队合作，前往现场进行实物核查，以确保报废的固定资产与固定资产报废申请单上列出的编号、名称和型号规格是否相符。对于那些因未达到预期使用年限而提前报废的固定资产需要确定其原因：是因为保管不当，还是因为使用不当或维护不到位，这样可以明确各方的责任，总结过去的经验和教训，并采取相应的措施来加强管理。对于那些提前报废但没有全额计提折旧的情况，如果根据规定有必要进行补提，那么应当完成补提折旧的相关手续。当固定资产因自然灾害或其他无法避免的人为意外而受损时，必须详细阐述损失的原因，并对已经购买保险的资产应迅速向保险公司申请赔偿。对于已经报废的固定资产的剩余价值需要进行精确评估，并确保将这些剩余物存入仓库以及进行价值调整后的收入记录。对于固定资产的大规模维修，使用部门需要提出维修需求，而固定资产管理部门则需要制订维修计划。经过财务部门的审核并得到分管领导的批准后，该计划将被纳入当年的财务预算中。其间所有发生的维修费用都应根据财务规定进行支出。

四、定期清查盘点固定资产

为确保固定资产保持其完整性，各个级别的机构都应定期或不定期地组织对所有或部分固定资产的检查和盘点工作。我们需要建立一个固定资产的定期清查和盘点制度，并在每年的年终决算前进行一次全面的清查和盘点，同时编制固定资产的清查表。除了明确固定资产的实际数量和确保账目与实际情况一致之外，还具有以下几个重要的意义：

首先，可以了解固定资产的使用和维护情况，进一步挖掘固定资产的生产潜力，促进增产节约运动的深入开展；其次，可以查明账外固定资产，促进企业改善固定资产管理；最后，还可发现丢失、毁损的固定资产，从而堵塞漏洞，揭发破坏行为。

固定资产的清查盘点，每年至少一次。为了做好定期清查盘点工作，必须依靠和发动群众，并成立由领导、专业人员（包括固定资产管理人员和财务人员）、工人三者结合、密切协作的清查小组，尽可能地把固定资产的清查和大检查结合起来进行清查盘点。

在进行清查的过程中，财务人员要协同固定资产管理人员到现场逐项清点，根据“固定资产卡片”核对每项固定资产的实物与卡片是否一致，存放地点和保管人与卡片记载是否相符。在处理账外固定资产时，需要明确其来源。对于那些调入但尚未完成相关手续的人员，必须尽快完成手续补办；对于尚未入账的部分，需要确定其造价，或者根据其新旧程度，按照重置的完整价值进行记账。对于遭受盘亏或损坏的固定资产，必须进行深入的分析，明确其原因和各方的责任，并由清查小组进行审查和鉴定，然后编制“固定资产盘亏报告单”，并提交给相关单位进行审批，最后按照既定规定进行处理；对于因未完成手续而导致的人员短缺情况，必须尽快完成调出手续的补办工作；对于被窃取或损坏的固定资产，有责任向相关部门报告并采取严格措施，同时追究其经济上的责任；对于未经许可进行拆卸或改造的固定资产，必须给出建议，并在处理完毕后进行账务调整。

随着企业生产和经营活动的持续演变，在进行资产清查的过程中，不仅要对固定资产的数量进行核查，还需对其使用和维护状况进行检查，确保没有长时间未使用或多余不需要的设备；是否存在设备使用不当、储存不适当或维护保养不当的情况。对于那些长时间未使用或多余的机械设备，应该考虑将其外调或租赁，确保资源得到最大化的利用，从而减少公司的资金占用。对于受损的设备，建议尽快进行修复，以确保设备处于良好状态。针对固定资产的维护保养不足以及管理制度的不健全，我们需要提出切实有效的解决方案，并对其进行及时的优化和改进。

企业有责任对其固定资产进行日常的管理和监控。根据固定资产管理的规定，企业应以固定资产的计划和定额为基础，对固定资产的生成、使用、损耗、补偿和利用效果进行持续的监督和调整，以确保企业能够持续提高固定资产的使用效率。财务管理部门有责任参与固定资产投资的使用、项目的建设以及验收的预测和决策过程，以实施固定资产的预先控制措施。由于固定资产投资规模庞大且建设周期长，财务管理部门不仅需要参与固定资产投资的预测和决策过程，而且还应当参与固定资产投资的使用和项目建设的监管与验收工作，以确保投资能够按照预定计划进行，从而缩短建设周期并提升投资效果。此外，还应该定期检查和评估固定资产计划和管理责任指标的完成情况，确定固定资产计划的完成程度和固定资产利用效果的差异程度和性质，及时了解和澄清固定资产计划完成的原因，正确评估各部门、各级单位和个人的工作情况，从而采取措施改进固定资产管理工作。

第五节　无形资产管理

一、无形资产的概述

（一）无形资产的概念及特点

无形资产指的是企业所拥有或控制的、没有实体形态的、可以识别的非货币性资产。它被归类为广义的固定资产类别，也被称作无形固定资产。这种资产具备可识别性和资本性，其中可识别性是其核心特点。商誉的存在是与企业自身紧密相连的，没有可识别性，因此商誉被排除在无形资产的标准之外。无形资产主要包括：专利权、商标权、著作权、土地使用权、非专利技术、特许权等。

资产满足下列条件之一的，则符合无形资产定义中的可辨认性标准：

一是能够从企业中分离或者划分出来，并能够单独或者与相关合同、资产或负债一起，用于出售、转移、授予许可、租赁或者交换。

二是源自合同性权力或其他法定权力，无论这些权力是否可以从企业或其他权力和义务中转移或者分离。

无形资产代表了人们在长时间的生产和经营过程中的创新和发明，它是人类智慧的体现。它代表了企业的潜在经济价值，有助于提高工作效率，保持企业经营和产品的独特风格和功能，具有创新性、强烈的时代特色和独特的吸引力，是企业核心竞争力的来源。企业的生存和发展与无形资产的创建和更新密切相关，因此，强化企业无形资产的开发和管理成为提升企业无形财富的关键途径。

无形资产不仅拥有与有形固定资产一样的属性，例如它为企业的生产和经营提供了技术支撑；在长时间内展现其效果；它的价值是通过逐步、部分地转移到企业的管理成本中，并通过分摊的方式来补偿其损失的价值。另外，它还具有以下特点：

1. 不存在实体

无形资产以知识产权、某种特权等知识形态的观念，没有实体承担其较高的价值。

2. 能提供的未来经济收益具有较高的不确定性

随着市场竞争的日益尖锐和新技术的持续出现，企业从无形资产中获得的收益以及其有效期限变得难以精确计算。

3. 独有性

无形资产的拥有人，在法律、制度的保护下，禁止非所有权人无偿地取得、占有或使用，从而形成垄断壁垒。

企业通过自创、购买、接受投资等方式取得的无形资产应当依法明确权属，落实有关经营、管理的财务责任。无形资产出现转让、租赁、质押、授权经营、连锁经营、对外投资等情形时，企业应当签订书面合同，明确双方的权利义务，合理确定交易价格。

（二）无形资产的基本内容

无形资产的基本内容如下：

1. 专利权

专利权被定义为国家专利管理机构根据发明者提交的申请，并经过严格的审查和认证，赋予发明人在特定的时间范围内制造、使用或销售其发明成果的特殊权利。当然，不能确保专利权确实能为持股者带来经济利益。因此，只有当企业从外部单位购买的专利、自主研发并按照法定流程申请的专利被资本化时，它们才能被视为无形资产并进行管理。在全球范围内，专利的有效使用期限通常被设定为 5 至 15 年。

2. 商标权

商标权也称为商标专用权，商标是用来辨认特定的商品或服务的标记。商标权是指专门在某类特定的商品上使用特定的名称或图案的权利，是一种知识产权，具有排他性、地域性、时间性。《中华人民共和国商标法》明确规定，经商标局核准注册的商标为注册商标，商标注册人享有商标专用权，受法律保护。在我国现阶段，一般规定商标权的期限为 10 年。

商标权涵盖了两个主要方面：独占使用权和禁止使用权。专有权意味着商标权的持有者在商标注册过程中拥有独家使用其商标的权益，这是商标权在法律上的独立体现；商标权的禁止使用权意味着商标权的持有者有权排除或禁止他人侵犯商标的独占使用权，这是商标权在法律上的排他性体现。

3. 著作权

著作权也称为版权，是指国家版权管理部门依法授予著作或文艺作品的作者于一定年限内发表、再版和发行其作品的专有权利。主要包括发表权、署名权、修改权、保护作品的完整权、使用权和获得报酬权等，可以转让、出售或赠予，其保护期为作者终生及其身后第 50 年的 12 月 31 日止。

4. 土地使用权

土地使用权是指国家批准某一企业或单位在一定年限内对国有土地享有开发、利用、经营的权利。它是企业购置使用土地，支付费用后取得的场地使用权，其所付费用形成无形资产的价值。

5. 非专利技术

非专利技术，也被称作专有技术，是指技术知识和制造方法，如果所有者没有申请专利或不满足申请专利的条件，那么这些技术就不会被外界了解。举例来说，一个企业在面对特定产品时，会对其独特且创新的设计、外观、配方、构造、生产工艺、图纸、技术描述以及关键的技术参数等技术细节保持高度的保密。它融合了经济性、机密性和动态性三大特点，主要涵盖了工业专有技术、商业（贸易）专有技术以及管理专有技术。专有技术的所有者通过自我保护的手段来维护他们的专有权，这可以用于技术转让和投资活动。

6. 特许权

特许权，也被称作专营权，是指企业在特定区域内经营或销售某一产品的权限，或者是企业根据合同条款，有时限或无期限地使用另一家企业的特定权益。仅当支付了费用并获得特许权时，该特许权才能被视为企业的无形资产。

（三）无形资产的分类

管理无形资产时，必须基于科学和合理的分类，这样才能有效提升管理的效率和投资的回报。无形资产可以根据各种不同的准则被分类为几个不同的种类：

1. 按照是否具备确定的寿命期限分类

无形资产可以分为有期限的无形资产和无期限的无形资产。有期限的无形资产包括专利权、著作权等；无期限的无形资产包括非专利技术、商誉等。

2. 按照无形资产的形成和来源途径的不同分类

无形资产可以分为自创的无形资产、外购的无形资产和接受投资者投入的无形资产。自创的无形资产包括专利权、商标权、著作权等；外购的无形资产包括从国内外的科研单位或其他企业引进的无形资产；接受投资者投入的无形资产包括企业的股东以各种专利权、商标权、厂商名称、特许权和技术秘密作为投入企业的无形资产。

二、无形资产管理的基本内容

在我国构建市场经济模型的过程中，随着法律体系的逐渐健全，对发明者独特的经济利益的保护受到了越来越多的关注。因此，企业有必要加强对无形资产产权的认识，并确立对无形资产产权的尊重与保护的理念。

面对全球范围内日益激烈的国际竞争，企业若想在全球市场中稳固其地位，就必须从提升经济效益、增强竞争力、拓展市场和占领市场的角度出发，对无形资产的投资方向和规模进行深入研究。基于国内技术市场的稳固基础，我们需要拓宽视野，进军国际市场，并致力于研发和引进达到国际先进标准的技术。因此，各企业应当高度重视无形资产的管理与投资，并积极地创建、积累以及更新这些无形资产。

（一）无形资产的计价

企业的无形资产应该按照以下原则进行计价：

企业从其他企业或单位购入的无形资产，按照购入该无形资产的实际支出作为实际成本。

当企业接收其他公司或单位的无形资产投资时，其实际成本应基于评估结果或双方签署的合同或协议中的约定价值，除非合同或协议中的价值存在不公平之处；在确定无形资产的价值时，双方达成的共识是：当无形资产不被用作投资时，企业需要支付该无形资产使用费的总现值。通常来说，折算现值的利率应当高于银行的利率或贴现率，并可以根据预期的回报率转化为实际的成本。接受投资者投资以首次发行股票的无形资产，其实际成本应根据无形资产在投资方账面上的价值来计算。

对于接受捐赠的无形资产，如果捐赠方提供了相关的凭证，那么应根据凭证上标明的金额加上应支付的相关税费，作为实际成本。如果捐赠方没有提供相关凭证，但市场上存在同类或相似的无形资产，那么应以同类或相似资产的价格加上应支付的税费作为实际成本。如果市场上没有相似或同类的无形资产，那么应根据捐赠的无形资产预期的未来现金流量的现值来计算其实际成本。

对于自主研发并按照法律程序申请获得的无形资产，其实际成本应包括注册时产生的费用、聘请律师的费用等，这也包括从满足无形资产确认条件和开发支出资本化条件后到达到预定用途前的支出总额，但是之前已经费用化的支出将不再进行调整。在研究和开发的过程中产生的各种费用，如材料费、直接成本、开发期间的租赁费和借款费等，都应直接计入当期的损益，而不是无形资产的实际成本。

场地使用权的价值可以依据实际占用的土地面积、使用年限以及类似场地所规定的使用费标准来计算使用期间的总使用费，然后将其转换为现值，通常这个现值不会超过场地使用权的价值。

（二）无形资产的摊销

无形资产在公司的生产和经营活动中起到了关键作用并带来了经济效益，因此，在这些资产产生经济效益的时段内，它们的价值应当得到相应的补偿。无形资产主要表现为无形的损失。

在对无形资产进行价值补偿时，首先需要根据保护工业产权的相关经济法规来确定无形资产的摊销期限。对于没有法定有效期限的无形资产，可以根据该技术的经济有效生命周期进行评估，并通常将其摊销十年。但是，随着科技的进步，新旧技术和新旧产品的替换速度正在加快，周期也在缩短。当无形资产的使用寿命远远低于预定的使用期限时，就需要对原先确定的无形资产有效期进行核查。由于缩短经济寿命需要缩短预定的有效期限，因此应该采取转销或提高摊销率的方法来处理。

为了避免未来可能出现的对无形资产价值补偿的类似影响，可以考虑在摊销前加入保险系数，在无形资产原值的基础上适当提高其摊销率和摊销速度。

在获得无形资产的过程中，企业应对其使用寿命进行深入的分析和评估。如果使用寿命是有限的，那么应该估算该使用寿命的持续时间或者构成该使用寿命的产出等相似的计量单位的数量；如果无法预测无形资产将为企业带来的经济利益的持续时间，那么这种无形资产的使用寿命应被认为是不确定的。根据无形资产的使用寿命，我们可以选择不同的摊销策略：对于那些已确定使用寿命的无形资产，应在其预期使用寿命内进行摊销处理；对于那些使用寿命存在不确定性的无形资产，不用进行摊销处理。

无形资产摊销的计算公式如下：

无形资产年摊销额＝无形资产投资总额/预计有效年限

无形资产年摊销率＝年摊销额/总投资额×100%

（三）无形资产的投资与转让

在知识经济的背景下，企业需要持续地加强其核心竞争能力，这主要依赖对企业无形资产的投入。为了更好地适应社会经济环境的持续变化，现代财务管理正在将投资决策的焦点从主要关注固定资产投资转向更多地关注无形资产的投资。

无形资产的内部投资是指企业将一定的生产要素投入无形资产的开发设计、应用的一种经营活动，以期未来获得超常的经济收益。可以采用分离法确定投资收入。

无形资产的外部投资是指企业利用其无形资产的所有权，对其他企业进行的长期财务投入。在进行投资时，应根据评估确认的价值或合同、协议中约定的价值来确定投资金额。这个金额与无形资产的账面净值之间的差值，将被视为资本公积金来处理。

无形资产的转移涵盖了所有权的转移以及使用权的转移。不论是哪种形式的转让所获得的收益，都应纳入企业的其他销售收入中。在转移无形资产所有权的过程中，转让的成本是根据无形资产的摊余价值来计算的；在转移无形资产使用权的过程中，根据履行出让合同所规定的责任产生的费用（例如派遣的技术服务人员的费用等）来确定转让的总成本。

根据有关规定，国有企业的建设用地采取划拨方式，政府不对企业收取地价费，企业通过划拨方式取得的土地使用权不得转让、出租或抵押。如确有需要对土地使用权进行转让时，其转让收入包括土地出让金和土地收益金或土地增值费，企业不能作为其他销售收入处理，需全部上缴国家。

固定资产是在物质生产过程中用来改变或影响劳动对象的劳动资料，它是企业在生产和经营过程中的主要劳动工具。为了加强管理，有必要对固定资产进行科学、合理的分类和准确的计价。深入了解固定资产管理的核心目标和基本准则，可以帮助我们更准确地估算固定资产的需求量，并加强对固定资产投资的科学和合理决策。

在固定资产的使用过程中，它可能会不断地遭受有形或无形的损耗，而随着这些损耗，其价值会逐步转移到固定资产的折旧上。需要对固定资产折旧的适用范围有深入的了解，并熟练掌握其折旧技巧。

基于对固定资产投资特性和流程的深入了解，采用适当的投资决策评估手段，已经成为现代财务管理的核心议题。我们需要深入了解现金流量的定义和其计算方法，并在各种场景中熟练地运用投资决策工具，同时进行日常的高效管理。

无形资产指的是那些能够为企业创造未来经济价值的、没有实体存在的非货币性资产。为了更好地管理和使用无形资产，我们需要深入了解其定义、特性、主要内容以及各种分类。精通无形资产的定价、摊销、投资和转让流程，构成了强化无形资产管理的具体手段。

第五章 流动资产管理

流动资产管理主要包括对现金（包括银行活期存款）、有价证券、应收账款和存货的管理。流动资产管理是营运资本管理的重要组成部分，科学的管理可以减少资金的占用，降低企业的财务风险，提高企业的效益。

第一节 现金管理

正常工业企业的资产中大约有1.5％的资产以现金的形式存在，它包括库存现金和银行的活期存款，有时也把即期或到期的票据看成现金。现金通常被视为非盈利性的资产，其对企业的益处微乎其微或根本无法实现。因此，现金管理的核心目标是在不干扰企业正常的生产和经营活动的基础上，将现金储备降至最低水平。

一、企业持有现金的原因

一个企业之所以要持有现金，主要有以下4个原因：

（一）交易性需要

为了满足日常交易中的各种支付需求，如支付工资、购置材料和固定资产、缴纳税费、偿还债务和分发红利等，企业需要持有现金。鉴于企业的日常现金收入和支出很少会同时出现，因此，保持一定数量的现金余额是绝对必要的，这样可以在现金支出超过现金收入的情况下，避免交易中断，确保企业的日常生产和经营活动能够正常进行。

（二）预防性需要

鉴于存在的不确定性，企业有必要储备一定数量的现金，以满足突发事件对现金的需求。各个行业对现金储备的需求各不相同，通常情况下，企业的现金储备量是由以下两个关键因素决定的：

1. 企业现金流量的可预测性

当企业的现金流具有较低的可测性时，其预防性现金储备则相对较大；相对地说，如果企业的现金流具有很高的可测性，那么预防性的现金储备就有可能会相应地减少。

2. 企业临时借款能力

如果企业能在较短的时间内轻松地获得现金，那么预防性的现金储备就有可能减少；如果不这样做，我们就需要增加用于预防的现金储备。

（三）投机性需要

投机性需求意味着企业需要持有一定数量的现金，以便能够随时把握有利的商机，例如在有低成本原料的情况下，可以使用手头的现金进行及时和大规模的购买。例如，在合适的时机购买受欢迎的有价证券，这样可以在有价证券的价格上涨时受益。通常情况下，大部分公司持有的现金不是出于投机行为，而是更多地出于交易和预防的需要。

（四）补偿性存款

鉴于银行或其他债权人出于对自身业务的考虑，通常会要求企业在其现金账户中至少存入一定数量的现金，以补偿他们提供的劳务成本，这种存款金额被称为补偿性存款，将在未来进行详细的讨论。

二、现金管理的目的和内容

现金管理旨在确保企业在生产和经营活动中所需的现金供应，同时努力减少过多的未使用现金，从而提高企业的盈利能力。鉴于企业持有的现金库存并未带来任何收益，而银行的活期存款利率又明显低于其资金的利润率，因此，当企业持有过多现金时，它们可能会失去大量的投资增值机会，从而导致企业收益的下降。然而，由于现金储备不足，这也会限制企业的支付能力，增加了企业的财务风险，并可能导致现金短缺，从而影响企业的正常生产和经营活动。因此，在进行现金管理时，我们应该努力确保不会对企业的日常生产和经营活动造成干扰，同时将持有的现金数量减少到最小，这样可以增强资金的盈利潜力，并进一步提高企业的盈利能力。

现金管理的主要内容一般包括以下 4 项内容：

第一，编制现金预算，预测每一期间现金多余或不足的情况，以便合理估计现金的需求；

第二，加强现金控制，提高现金管理效率，尽可能加快收款速度，同时在合理的情况下，减缓现金支付；

第三，确定目标现金余额。企业的目标现金余额通常由三个因素决定：(1) 现金多余或不足可能发生的程度；(2) 现金多余的机会成本；(3) 现金不足带来的风险大小。

第四，在处理现金余额的差异时，如果企业的实际现金余额与预期的现金余额存在偏差，那么可以选择短期的融资方法，或者选择偿还债务和投资于有价证券等策略，以实现最佳效果。

三、现金预算

现金预算（Cash Budget）是一种用于反映企业在预算周期内现金流动情况的预算方案，它是企业在经济活动中与现金收支相关的综合计划。如果在汇总后发现现金存在多余或不足的情况，就需要思考如何更有效地使用和筹集这些资金，以提升现金管理的效率。现金预算不仅是财务预算中的核心部分，同时也是制定预期损益表和资产负债表的关键参考。

尽管企业的销售收入和利润有所增长，但这并不代表他们手头就有足够的现金随时可用。在商业信用广泛应用的背景下，销售额的上升并不总是与现金收入的增长同步。为了维持生产活动，企业需要承担各种费用，并需要大量的现金支出，这可能导致企业面临现金短缺的问题。

因此，企业必须提前预测其计划中的现金流状况。

现金预算由以下四部分内容组成：

（一）现金收入

现金收益既涵盖了预算开始时的现金余额，也包括了预算期间可能产生的现金收益。例如，回收销售的现金收益、收回应收账款以及出售资产和有价证券等活动。

（二）现金支出

所谓的现金支出，是指在预算周期内可能出现的各种现金开销。包括但不限于材料的购买、人工成本、生产成本以及销售和管理的费用，还有应付账款的偿还、设备的购置，以及税务、利息和股利的支付等多个方面。

（三）现金的多余和不足

现金的余额是指现金收支平衡后的剩余金额。如果收入超过支出，那么现金就会变得多余，可以用来偿还债务或进行短期投资；如果收入低于支出，那么资金将会不足，因此需要采取措施筹集资金，以确保库存现金保持在一个稳定的水平。

（四）资金的筹集与运用

在预算周期内，资金的募集是由于资金短缺而向银行申请贷款，或者是通过发放短期商业票据来筹措所需资金；企业在预算周期内如何使用和偿还借款，可以通过资金的运用来体现。

在进行现金预算时，还必须注意以下几点：

一是现金预算是一种预测，表中所有的数值均是期望值，如果实际销售和材料采购与预测值有较大的出入，那么预测的现金亏损与盈余就会不正确。

二是折旧是非现金费用，做现金预算时可以不予考虑。

三是如果每月的现金流入与现金流出变化较大时，每月做出的现金预算可能会低估某些高的现金需求量，需要进行一些调整。

四是目标现金储备可随环境的变化进行调整。一个企业的预期现金储备主要受到外部环境变动的影响。如果预期的销售总额和现金的流入和流出相对稳定，那么可以适当减少目标现金储备，但如果不稳定，则需要适当增加。除此之外，目标现金储备与企业的短期筹资能力、对销售和现金流量的预测能力，以及发展速度等因素都有很大的关联。企业在短期内具有出色的筹资能力和高度的预测准确性。在确保资金得到有效利用的前提下，减少目标现金储备的设定，有助于提升企业资金使用的整体效益。

四、提高现金管理效率的方法

在营运资本政策的章节中，明确指出了缩短现金转换周期的重要性，这可以通过减少存货周转期、缩短应收账款的承兑期和延迟应付账款的支付等多种策略来实现，具体来说，就是通过加速收款速度和控制现金支出的方式来达成。

（一）加速现金收款

为了更高效地使用现金并加快其周转速度，企业在确保未来销售不受影响的前提下，应尽量让客户提前完成付款，并尽量减少从客户付款（如汇票或支票）到票据兑换，再到存入企业存款账户的时间。因此，公司可以考虑采纳以下方法：

一是如果经济上可行，尽量采用现金折扣，加速资金回笼。

二是缩短客户邮寄汇票（支票）给企业的在程时间。

三是企业减少支票持有时间，收到支票后立即办理兑现。

四是加速对方（付款方）银行的转账速度。

五是派专人办理大额收款。

为达到以上要求，西方企业采用种种措施加快收款的速度，下面介绍几种常用的方法：

1. 设立收款中心

这种方式允许企业设立多个收款中心，以加快资金的回流速度。如果一个企业的产品在多个地区有广泛的销售，那么该企业可以依据客户的地理位置和收到的款项数量，在客户较为集中的主要城市设立专门的收款中心，客户在收到账单后可以直接将款项汇至附近的收款中心。收款中心一旦接收到款项，迅速存入当地的银行，而这些银行在当地完成票据的结算后，会迅速将其转账到企业总部所在的主要银行账户。这种策略是通过建立多个收款中心来替代通常在公司总部设置的单一收款中心，这样可以减少从客户寄出货款到现金存入银行的邮寄和清算时间，从而缩短货币资金从客户到企业的中间周转时间。假如企业收款中心的开户银行被纳入该体系，那么企业在将客户的支票存入本地中心之后，平均只需 1.25 天就可以将其转移到企业总部的开户银行存款账户中，从而大幅缩短了资金的中间流转时间。然而，值得我们关注的是，建立多个收款中心存在一个明显的不足，那就是各个地方银行都需要预留一定数量的补偿余额。这种补偿余额实际上是一种无法使用的闲置资金。随着开设中心数量的增加，企业需要支付更多的补偿余额，导致更多的闲置资金。此外，建立这样的收款中心也会增加人力和物力的投入，同时也会带来更大的开销。

2. 专用信箱系统，又称锁箱系统

企业可以在各主要城市租用专门的邮政信箱（Lock-Box），并同时开立银行存款账户后，授权该地某一银行负责开启信箱。当银行每日或每天多次打开箱子并收到客户的付款支票后，它们会立刻进行结算，并通过电子转账将货款转到企业所处的银行，这种方式可以有效地缩短收款和兑换的时间。这一方法的主要不足在于需要承担租赁专用电子邮箱和银行多项服务的费用，因此，如果平均汇款金额相对较低，使用锁箱系统可能并不总是有益的。

3. 专人收款

对于大额货款，企业可以委派专人直接前往收取支票并送存银行，以加快收款速度。

4. 加速转划剩余资金

当各个收款中心接收到客户的支票或汇票时，他们必须迅速地将超出目标现金余额的剩余资金，从当地的存款银行转移到企业的中心银行。电子汇款（Wire transfer）是完成资金转移的最迅速且成本最高的方法。电汇转移资金的时间很短，而且企业中心银行收到电汇通知单后，企业马上能获得现金。电汇采用电子技术在电脑网络间进行资金转划，从而节省资金在途耽搁时间。在美国，电子汇款服务有联邦储蓄在线转划系统（Fedwire）和银行间支付清算系统（CHIPS）。

企业是否选择上述策略将依赖成本和效益的综合分析而定。减少收款的时间可以获得利息的回报，但使用这种方式可能会导致成本上升，如果利息的回报超过了增长的成本，那么使用这种方式是有益的。

（二）控制现金付款

当企业进行收款操作时，应努力提高收款速度，同时在支付过程中，企业应在不损害信誉的基础上，尽量推迟支付应付款项的时间。存在多种方式来延迟付款：

1. 控制支出时间

为了最大限度利用现金，合理地掌握现金支出时间十分重要，例如，采购材料时的付款条件是“1/10，net30”，如果考虑优惠条件，应安排在发票开出日期后的第10天付款，如果企业放弃折扣优惠，则应将付款时间安排在信用期的最后一天，这里也就是第30天付款。

2. 采用汇票支付

汇票与支票有所区别，不能简单地“见票即付”。只有当汇票被往来的银行递交给汇票的发放者，并得到他的批准并存入足够的资金后，汇票才能被正式兑现。因此，购买商品的企业有可能通过使用汇票作为支付手段来延迟实际付款的时机。

3. 使用“浮支”(Using Float)

所谓的“浮支”是指企业账户的现金余额与银行账户显示的存款余额之间的差额。有时，企业账户的现金余额已经是零，甚至是负数，但银行账户上该企业的银行存款余额仍然不少。这是因为一些支票已经开出，但客户还没有兑现，或者是因为记账的时间差等原因。若企业能够准确预估浮支余额，那么他们就有可能使用活期存款账户中的这部分资金，从而提高企业的资金使用效率。

（三）合理持有现金，积极组织证券投资

为了避免资金的积压和浪费，企业在确保正常支付的前提下，应当合理地设定现金持有的目标数量，并努力降低现金持有量。当一个企业持有的现金数量超过了预定的目标现金数量，该企业应当立即将其暂时未使用的资金投入短期投资计划中，以实现一定程度的投资回报。比如说，购买一个有固定期限的回购合同。

第二节　短期投资管理

企业常常拥有大量国库券和其他有价证券，为什么要持有这些有价证券？根据什么来选购这些品种繁多的有价证券？本节主要讨论这些问题。

一、持有有价证券的原因

企业在决定最佳现金余额之后，往往将暂时多余的资金用于购买各种有价证券通常是出于这样一些考虑：

（一）作为现金的替代物

鉴于流动资产中的短期有价证券具有很强的变现能力，它们可以随时转化为现金。因此，一些企业经常持有一定量的有价证券。当企业的现金流出量超过现金流入量，导致库存现金不足以支付时，他们可以考虑出售部分有价证券以增加现金存款，从而避免可能出现的银行贷款短缺问题。在此背景下，有价证券被视为现金的替代品，发挥了预防的功能。

（二）作为短期性投资

作为临时性投资的有价证券，一般出现于下列三种情况之中：

1. 出现季节性或周期性经营活动对现金的需求时

那些从事季节性商业活动的公司，在一年的某个时段经常有多余的现金流入，而在其他时段则可能面临现金不足的问题。这类企业一般会在现金充足的情况下购买有价证券，而在现金不足的情况下出售有价证券，以实现现金平衡。

2. 出现某些预计的财务需求时

如果一个企业近期有意购买大型设备，或者该企业之前发行的某种债券即将到期，需要大量的现金来准备兑换，那么可以将这些现金投资到有价证券中，以便在适当的时候能够及时转换为所需的现金。

3. 当企业刚刚发行长期证券时

处于扩张阶段的公司通常会周期性地发行长期的证券（如股票或债券），但这并不意味着他们所获得的资金会立刻耗尽。这意味着，将暂时闲置的资金投入有价证券中可以获得某种程度的回报，而当公司需要购买资产时，他们可以选择出售有价证券以换取现金。

二、选择有价证券的准则

企业可以投资的有价证券种类非常丰富，但由于每种有价证券都有其独特的期限、流动性和变现性，它们的风险和收益也各不相同。因此，企业在选择投资对象时，需要仔细考虑以下几个关键因素。

（一）较强的流动性

短期有价证券投资的核心任务是作为现金的替代品存在，因此，追求更高的资金流动性应成为短期有价证券投资的主要目标。更明确地讲，短期有价证券指的是那些在有组织的证券市场上可以随时出售或转移的证券；票据、存单等可以在货币市场上进行交易或转移。另外，也可以是期限相对较短的其他短期有价证券，尽管这些有价证券不能进行交易或转让，但其到期和兑现的时间相对较短，因此可以迅速实现变现。

（二）适宜的投资收益

短期有价证券投资的一个主要目标是获得某种程度的收益。如果不把其他变量纳入考虑，那么越高的收益自然是更佳的选择。然而，收益的多少始终与风险以及流动性有着紧密的联系。考虑到持有短期有价证券的初衷，我们应该牺牲合适的回报，以保障其流通性和能够承受的风险。

（三）较低的风险

投资于有价证券无疑会带来一系列的风险：

一是这些风险主要源于证券发行者不能按时偿还本金和利息，从而产生违约的可能性。

二是利率的波动导致投资者面临可能的损失风险。

三是由于通货膨胀的出现，投资者的购买能力面临着购买力降低的风险。

四是由于在短时间内无法以合适的价格销售其所持有的证券，这带来了变现力的风险。

因此，投资者在选择有价证券进行短期投资时，要从流动性、安全性和收益性三个方面权衡考虑。

如果一个企业在有价证券上的投资额度很大，那么就需要考虑如何分散这些风险。为了构建最优的有价证券投资组合，企业应当在不同的行业、地域和期限内进行多样化的证券购买，这包括但不限于国库券、公司债券和股票等。

三、有价证券的种类

（一）国库券

国库券又称国债，是国家为了筹集财政资金而发行的一类债券。与企业所有有价证券相比，国库券具有较大的安全性、较强的流动性和较高的收益性（有免征所得税所致）。我国的国库券往往是三年以上的，在国外，国库券主要作为短期证券存在。例如美国的短期国库券，通常期限在一年之内。此外，美国财政部还发行 3 至 5 年期的中期债券（T-Notes）和不超过 30 年期限的长期债券（T-Bonds），但这两种债券一般不宜作为现金储备证券。

（二）政府机构证券

政府机构证券是政府所属的一些机构发行的债券的总称，债券由发行机构保证偿还。

（三）市政债券

地方政府为了发展地方经济，经国家有关部门批准，向社会发行的债券。

（四）商业票据

商业票据是由具有较高信誉的企业发行的短期、无担保期票，票据上记录了面值、利率、期限以及到期时的全额赎回承诺。商业票据既可以直接销售，也可以通过经销商进行转售，其利率略高于国库券，通常是通过贴现的方式出售，期限各不相同，通常不会超过 270 天。鉴于商业票据是由信誉较好的公司发行，并得到独立证券评估公司的评级，这使得其违约的风险相对较低。

当企业决定将商业票据作为其投资目标时，必须仔细考虑票据的有效期，因为商业票据在收益率和风险方面都略高于国库券。

（五）回购协议

回购协议指的是卖家和买家之间达成的协议，约定在特定的日期，以一个确定的价格再次从买家手中购买证券。从本质上看，这是一种以抵押为基础的贷款，销售者通常会使用他们所持有的国库券或其他种类的债券作为抵押。协议中所规定的卖价与回购价格之间的差价即借款的成本，也即投资者所获得的收益。通常来说，协议的有效期是基于投资者的实际需求来设定的，最短的情况下可以选择隔夜购买，这对投资者是有益的。与银行存款相比，回购协议具有更低的风险和更高的收益。

（六）大额可转让存单

大额可转让存单是银行或储蓄机构发行的表明有特定数额和特定期限允许转让的存款证明文件。大额可转让存单可以在到期日之前在货币市场上进行买卖，其面额以 5 万元为起点，大于 5 万元的面额必须是 5 万元的整倍数。目前常见的大额可转让存单的期限有 1 个月、3 个月、6 个月、9 个月和 12 个月 5 种，并且可以流通和转让。

（七）银行承兑汇票

所谓的银行承兑汇票，是指那些经由银行进行承兑的汇票。这是由于国内和国际贸易对资金的强烈需求而产生的。商品交易完成后，收款方或付款方会签署，付款方可以向其开户的银行申请承兑，一旦银行同意并在汇票上盖上“承兑”的字样，该汇票就被称为银行承兑汇票。银行承兑汇票具有很高的流动性，并且拥有一个高度繁荣的二级市场。

当票据即将到期时，如果收款人需要资金，他们可以将汇票到银行进行贴现，并在扣除利息手续费后直接获得现金。由于得到了大型商业银行的担保，银行承兑汇票的风险相对较低。这种汇票的期限通常不会超过 180 天，并且其利率通常会稍微高于同一期限内银行存款的利率，因此具有很高的变现性。

（八）各种上市公司股票、债券以及金融债券

这些债券可以在证券市场上交易转让，但一定要控制风险。

第三节　应收账款管理

应收账款是营运资本的一项重要内容。应收账款是商业竞争的需要，它可以给企业带来销售收入，但同时也会导致某些持有成本的发生。管理好应收账款对于提高企业的获利能力和降低风险具有十分重要的作用。

一、应收账款发生的原因以及成本

（一）应收账款发生的原因

通常情况下，公司更倾向于即时销售而不是提供赊账服务。当企业选择信用方式进行赊账销售时，商品会被销售出去，导致库存减少，从而产生应收账款。当企业出现应收账款时，资金会被占用，但对于企业而言，这不仅是不可避免的，而且是绝对必要的，以下是其主要的原因：

1. 商业竞争

这正是应收账款产生的核心因素。在市场经济的背景下，商业之间的竞争变得尤为激烈，这种竞争环境促使企业采取多种策略来增加销售额。为了吸引更多的顾客并扩大销售规模，企业通过提供商业信用，如赊账和分期付款的销售策略，允许客户在特定的时间段内延后支付，这导致了应收账款的产生。这种应收账款是由商业信誉引发的，它是应收账款管理的核心部分。

2. 销售与账款的时间差距

在我们的日常生活中，零售公司普遍选择使用现金进行销售。然而，对于常规的批发或大规模生产的公司来说，发货和收到货款之间通常存在一个时间间隔，这主要是因为货款结算过程需要一定的时间。当结算方法变得过时，所需的结算时间也随之延长，这导致商业销售公司不得不承担由此产生的资金预付。因此，由此产生的应收账款并不被视为商业信用，也不是应收账款管理的核心内容。

（二）应收账款的内容

应收账款指的是企业在未来一段时期内，由于对外销售商品或提供劳务而产生的需要回收的款项。从狭义上来讲，应收账款指的是应收的销售款项，广义上的应收账款涵盖了以下几个方面：

1. 应收销货款

应收销货款指的是企业在对外销售产品或提供服务时，由于商业信用的运用而产生的应向顾客收取的欠款，它是指企业应收款项的主要来源。这一部分主要集中在应收账款和销货款的管理问题上。

2. 应收票据

应收票据指的是企业在对外销售商品或提供服务时，由收款方或付款方签署并由其开户银行确认的票据，用于延期收款，从而产生应向客户收取的款项。应收票据与应收销货款的主要差异在于，应收票据基于更为规范的票据信用体系，而应收销货款则仅仅是一种挂账信用，因此，应收票据在法律上具有更强的效力。

3. 分期应收账款

分期应收账款指的是企业因为选择分期付款的方式进行销售，从而产生的应当从客户那里收回的债务。考虑到我国当前的经济状况，许多企业在选择分期付款的销售策略时，通常会选择使用抵押或担保等方式作为保障措施，这大大降低了无法收回货款的风险。

4. 其他应收款

其他应收款指的是企业在其生产和经营活动之外，由于某些原因产生的临时支付或预先的借款。比如，员工的私人贷款、向外部租赁的包装材料、临时收取的押金等，其金额都是相对较少的。

5. 预付账款与待摊费用

预付账款描述的是企业作为购买者和付款方所产生的一种债权关系。具体来说，这是企业在购买稀缺商品时，根据供货方的要求预先支付的部分货款或保证金。

所谓的待摊费用，是指基于特定需求在本期内支付的费用，但这些费用需要根据受益期在本期以及之后的多个时期进行预先分摊。比如说，预先支付的待摊租金、保险费用、养路费以及报纸和杂志的订阅费等。

（三）应收账款的成本

持有应收账款，必须付出一定的代价。应收账款的成本主要有以下三个方面：

1. 资金垫支成本

随着应收账款的逐渐增长，企业的资金垫支也会相应地增加。企业在筹集所需资金时必须遵循特定的策略，若企业选择从外部募集资金，这将导致资金成本的上升；当资金来自公司内部时，机会成本也会随之产生。这笔因投入应收账款而被放弃的资金所带来的其他利益，即为应收账款的机会成本，一般可以按有价证券的收益率来计算。

2. 坏账损失

由于采纳了商业信用制度，不可避免地会出现一些无法收回的赊销款项，因此产生的损失被称为坏账损失。坏账损失通常与企业实施的信用政策的宽松程度有关，并且与应收账款的数量呈正相关。

3. 管理费用

主要包括：对顾客进行信用调查的费用、收集各种信息的费用、收账费用、簿记费用、通信费用以及其他费用。

企业产生应收账款的主要驱动因素是为了扩大销售额和提升市场竞争力，其最终目标是实现利润的最大化。然而，增加应收账款也会导致使用成本的上升。因此，管理应收账款的关键在于如何制定合适的信用政策，以在增加的销售利润和实施该政策所需的成本之间找到一个平衡点。仅当应收账款带来的销售利润超出了增长的成本，企业才应当执行对应的应收账款信用策略，旨在增强其盈利潜力，同时减少不必要的财务损失。

二、信用政策

一个公司的成功或失败在很大程度上依赖市场对其产品的需求，通常情况下，销售收入越高，公司获得的利润也就越丰厚。销售额的大小是由多种因素决定的，包括产品的售价、产品的品质、推广策略以及信誉政策等。通常来说，企业的信用政策是由信用期限、现金折扣、信用标准以及收账政策这四个核心元素构成的，以下是对它们的详细介绍：

（一）信用期限

信用期限定义为企业允许客户支付的最长期限，它代表了客户从购买商品到必须支付款项的这段时间间隔。举例来说，如果一个企业允许客户在购买商品后的45天内完成付款，那么该企业的信用期限将被定为45天。由于信用期限过于短暂，它不能有效地吸引客户，从而在激烈的市场竞争中可能导致销售额的减少。尽管信用期限过长有助于提高销售额，但这也导致了应收账款上的资金积压过多，从而增加了运营成本和费用，这不仅抵消了成本和费用的增长，还可能导致利润的减少。通常而言，信用的有效期与客户的正常库存维持时间之间存在某种联系。

（二）现金折扣

现金折扣实际上是企业为了激励顾客提前完成支付而提供的一种优惠措施。折扣的幅度是在实施现金折扣优惠政策后，在效益和成本之间进行权衡后确定的，现金折扣和信用期限共同构成了信用条款。实施现金折扣的优惠措施带来了两大优势：

1. 吸引新的客户群体

受到心理因素的影响，部分客户误以为现金折扣的好处是价格的降低，从而提高了销售额。

2. 减少应收账款的平均兑换期

公司提供的现金折扣旨在激励客户尽快完成付款，这有助于加快公司的资金回流并降低资金的占用。当企业为顾客提供某种现金折扣优惠时，虽然提供较为优惠的信用条款可以推动销售，但这也可能导致成本上升。因此，在确定最佳的折扣量时，应深入考虑折扣优惠可能带来的收益与成本的相互关系。

（三）信用标准

信用标准定义了客户为了获得公司的交易信誉所需要的能力和声誉，主要是基于客户是否存在延迟支付或坏账的风险。如果客户无法满足信用准则，那么他们将无法获得公司的信誉，或者只能获得较低级别的信用优惠。

建立信用标准是一项具有强烈政策导向性的任务。如果一个企业制定了严格的信用标准，仅向信誉良好、实力雄厚的客户提供商业信用，虽然这样可以减少坏账损失、降低拖欠款的程度，但可能会对扩大销售产生不利影响。相对来说，如果信用标准设置得更为宽泛，尽管这会提高销售额，但这也会导致坏账的增加和拖欠债务的上升。各企业在决策时，应依据实际状况进行评估，以确定最合适的信用准则。

在建立信用标准以及在对某一企业进行信用考察时，西方企业信用管理中广为采用的“5C”系统是值得借鉴的。信用的“5C”系统是指比较全面地衡量和考察客户信用状况和偿付能力的五个方面标准：品质（Character）、能力（Capacity）、资本（Capital）、抵押品（Collateral）和行情（Conditions）。由于这五个方面英文的首写字母均为 C，故称为 5C 评估法。

1. 品质

这是指客户尝试履行付款责任的可能性。顾客是否在主观上努力偿还货款，也就是顾客在债务偿还方面的道德标准，将直接影响应收账款的收回速度和数量，这是信用评估过程中最关键的因素。

2. 能力

这是一种对客户偿还贷款能力的主观评估，既可以根据客户过去的购物记录和经营情况来进行评估，也可以通过对该客户的实地观察来作出判断。

3. 资本

是指一个企业的财务实力，可以通过对顾客的财务报表进行分析，重点是风险比率，如负债比率、流动比率和收益利息倍率等。

4. 抵押品

是指顾客为获取商业信用所能提供的担保资产，如有担保资产，则对顺利收回货款比较有利。

5. 行情

是指可能影响顾客目前付款能力的总体经济环境和区域经济环境。这些都可能影响顾客的偿还债务能力。

经过对上述五个方面的深入分析，我们基本上能够对客户有一个全面的认识，这对于企业在对潜在客户进行信用评估时是非常有帮助的。然而，最终的决策仍然需要基于充足的信息和资料。

（四）收账政策

收账政策是指为收回账款，企业所采用的收账程序。例如，给过期10天的顾客发封措辞婉转的催款信，提醒顾客该付款了。企业如果在30天内仍没有收到货款，可多次写信去催款并用电话催款，90天后企业仍没收到款，可以派专人前去收款，必要时提请有关部门仲裁或提请诉讼等。

对企业来说，收账政策在资金流通和维护良好声誉方面具有显著的影响，如果设定得过于严格，可能并不会带来实质性的好处。然而，如果设定得过于宽松，可能会导致收兑期过度延长，从而造成较大的经济损失。

催收账款要发生费用，某些催款方式的费用还会很高（如诉讼费）。一般来说，收账费用支出越多，收款措施越有力，应收账款回收越多，坏账损失就越少。

三、应收账款的日常管理

一旦信用政策被确立，各企业应当加强对应收账款的管理和控制，进行全面的信用调查和评估，以明确针对特定客户的信用条款，建立应收账款的账龄制度，并确保及时完成收款任务。

（一）客户的信用调查

在应收账款的日常管理中，评估客户的信誉显得尤为关键。为了对客户的信誉进行公正和合理的评价，有必要对客户的信用状况进行深入的调查，并收集相关的信息和资料。关于信用的调查分为两种类型：

1. 直接调查

所谓的直接调查，是指调查员直接与客户进行沟通，并通过面对面的采访、提问、实地观察和记录等多种手段来收集第一手的信息和数据。然而，信息的准确性很大程度上依赖客户的真诚态度和合作精神。

2. 间接调查

间接调查是一种方法，它利用客户和其他单位保存的相关信息，通过加工和整理来获取客户的信用资料。可以通过以下几种方式来获取这些资料：

(1) 顾客的财务报表。客户的财务报告是获取信用信息的关键渠道，通过对这些财务报告的深入分析，基本上可以了解一个公司的财务健康和盈利潜力。

(2) 信用评估机构。许多国家都有专业的信用评估机构，定期发布有关企业的信用等级报告。

(3) 银行。尽管企业能够从潜在客户的开户银行中获取相关信息，但由于银行的信息通常不对外公开，仅在同行业之间进行交流，因此企业可以通过其在本地的开户银行，向另一家银行咨询客户的相关信息。

(4) 其他。如向财税部门、工商管理部门等机构了解有关顾客的信用资料。一份典型的信用报告通常包括以下一些内容：

一是对客户的资产负债表以及损益表的简要描述；

二是一些关键的财务比例以及它们的变动方向；

三是从客户的银行和供货商处获取的信息，这些信息涉及客户的付款是否按时完成，以及近期是否存在支付困难的情况；

四是一段关于客户实际经营情况的文字描述；

五是关于客户公司所有者的详细背景描述，这包括他们是否曾经破产，是否存在法律争议或欺诈行为等情况；

六是关于客户信用评级的总体情况。根据信用风险的排序，从低到高被评为 A+至 F 级，其中 F 级的信用风险是最高的，这意味着客户最有可能存在拖欠的风险。

信息主要是为信用经理在作决策时提供的参考资料。高质量的信息可以帮助他们做出更明智的信贷选择，但在做最终的决策时，通常还是依赖决策者的个人判断，这主要取决于他们的经验和能力。

（二）应收账款的日常监控和分析方法

应收账款发生之后进行日常监控和分析的方法主要有以下几种：

1. 平均收账期法

平均收账期法是指企业经常计算应收账款的平均收账期，并与历史情况、同行业情况、企业采用的信用期限等进行比较，从而揭示企业应收账款的状况。平均收账期的计算公式为：

平均收账期＝应收账款金额/平均每日赊销额

企业定期计算出平均收款期后，与上述有关资料进行比较，如果比它们好或者处于既定的使用期限波动范围之内，则说明企业该期的应收账款管理比较好。

2. 账龄分析法

账龄分析法是通过编制账龄分析表，揭示应收账款存账的时间长短，并按各应收账款的存账时间长短进行排序，为应收账款的管理和决策控制提供信息。通过账龄分析可以发现：

（1）企业有多少应收账款在信用期内；

（2）有多少账款超过了信用期；

（3）不同账龄的过期账款占整个应收账款的比重；

（4）哪些客户的信用可能会出现问题。

3. 例外管理

信用管理经理在实际工作中常采用例外管理。该方法根据风险程度不同，用统计方法将顾客分成 5 到 6 类，然后，信用经理将精力主要放在最可能出问题的顾客群。

4. 应收账款的计算机管理

在我国的企业管理实践中，计算机技术已经得到了广泛应用。为了更好地管理应收账款，企业的销售和财务部门可以采用计算机技术。借助计算机技术，企业不仅能够实时进行数据计算和更新，还能全面而详尽地记录每位客户的基础信息、过去的支付历史以及信用状态，这将有助于企业更好地了解客户的信用状况，并据此做出明智的决策。值得强调的是，通过使用计算机来管理应收账款，企业能够实时追踪超出信用期限的客户名单和应收账款的数量，这有助于企业更好地感知客户支付行为的波动，并据此加强对应收账款的管理。

四、信用政策调整决策

如果企业调整其信用政策，如延长信用期限、放宽信用标准、提供现金折扣优惠和实行较为温和的收款政策，虽然可以增加销售收入，但这也会导致成本上升，这是因为：

一是生产更多的商品需要更多的劳力和更多的材料等；

二是应收账款将增加，从而提高应收账款的置存成本；

三是坏账或折扣费用也将提高，从而使成本升高。因此，决定调整信用政策的核心疑问在于：信用政策的调整是否导致的销售收益超过了因此产生的额外成本。如果前者的数值超过后者，那么相应的信用政策调整可能会提高企业的净收益；反之，如果放宽当前的信用政策，可能会导致企业的净收益减少。

第四节 存货管理

一、存货管理概述

存货指的是企业在其生产和经营活动中为销售或消耗而储备的物资，它是企业进行生产和经营活动所必需的资源条件和物质基础。在工业企业中，存货主要呈现为原材料、在产品以及成品这三个方面，每一种类型的存货都是企业在生产和经营过程中不可或缺的元素。

存货管理的核心目标是基于科学的分析和全面的平衡，选取一个合适的存货准则，确保它既能满足日常的生产和经营需求，同时也能将存货的成本降至最低。过多的存货将不可避免地导致大量的存储成本上升，从而引发资金的堆积和利息支出的增加；库存短缺可能会干扰正常的生产流程，并有可能导致商品脱销，这两种情况都会对利润产生不利影响。鉴于企业的存货种类之多和资金占用之大，如何有效地管理这些存货直接影响企业资金的使用效率，进而对企业的财务健康和经营成果产生影响。

与应收账款相似，存货的水平在很大程度上受到销售量的影响。应收账款是在销售完成后产生的，而存货必须在生产和销售之前获得。在建立目标存货水平之前，必须先预测销售额，这就是库存管理的难点。

在企业内部，各职能部门往往会根据自身管理的需要对各种物品的存货水平有不同的要求。

（一）销售部门要求

销售部门通常更倾向于持有大量的成品库存，以避免因库存不足导致的生产和销售损失。同时，他们也希望存货种类繁多，能够满足客户对不同类型和数量的成品的需求，从而更好地满足各类客户的需求。

（二）生产部门要求

生产部门期望维持较高水平的原材料和半成品库存，以防止因库存不足导致不必要的生产延迟。同时，他们也希望能实现大规模生产，简化生产流程的调整，并降低整体生产成本。

（三）采购部门要求

采购部门期望能够大规模地购买原材料和半成品，这样可以降低采购成本并获得价格上的优惠，同时也希望能够尽快进货，避免因供应中断导致的生产减少和停滞。

（四）财务部门要求

财务部门的主要任务是确保公司资金得到高效和合理的运用，确保有限的资金得到最大化的使用。因此，他们希望存货上的资金使用尽可能少，这样可以降低贷款的利息开销，并提高资金的使用效率。

显然，在企业运营中，各个职能部门对存货水平的需求存在明显的矛盾。因此，一个高效的存货管理系统需要销售、生产、采购和财务等多个部门的紧密协作，以实现企业整体优化的目标，并确保企业能够获得最大的经济利益。在进行存货管理时，我们应当重视三大核心问题：

一是每种物品的库存量应为多少？

二是在一定时间内应订购或生产多少数量的存货？

三是存货应在何时订购或生产？

以上三个基本问题的根本就是如何在保证企业正常生产与经营的前提下，使存货的总成本最低，使企业获得的利润达到最大。

二、存货成本

存货上所耗费的总成本，主要包括存货的材料采购成本、订货成本、储存成本和缺货成本四个组成部分。

（一）材料采购成本

材料的采购成本指的是存货的实际价格，它是由所购买的材料数量与其单价共同决定的，即这二者的乘积。

（二）订货成本

订购成本是指为了购买材料和商品所产生的全部费用。根据订货次数与总订货成本之间的联系，我们可以将其划分为变动成本和固定成本两大类。其中，文件处理费、邮电费、验收费和差旅费都与订货次数直接相关，它们具有变动成本的特性，但与每次订购的数量并没有直接的联系；采购部门的各种费用，如管理费和采购人员的工资，主要是为了支持采购部门正常运作所需的开销，与订单的数量并没有直接的关联，因此它们被归类为固定成本。

（三）储存成本

储存成本是指在存储存货的过程中产生的各种费用。储存成本可以被划分为两大类：变动成本和固定成本。其中，仓储费、搬运费、保险费、存货的损坏或变质损失、存货所需的资金利息等，都与平均储存量成正比，这些都属于变动成本的一部分；仓库和机械设备的各种费用，如折旧费、维修费、通风照明费和仓库员工的固定工资等，在特定的时间段内，其产生的金额是恒定的，这些费用都被归类为固定成本。

（四）缺货成本

存货供应的中断导致的损失被称为缺货成本。例如，由于物资供应短缺导致的停工等待材料的损失，或由于临时紧急采购产生的附加费用，或由于成品库存不足导致的交货延误所产生的赔偿，或因此失去销售机会的损失，以及企业在商业信誉方面所遭受的损失等。

三、最优订货批量模型

为了确保存货的总成本在满足正常生产和经营需求的同时达到最小，关键是确定某一存货的订购数量应当是多少？存货的总成本受到每次订货数量的直接影响。当订货数量增加时，订货次数会减少，订货成本会相应减少，储存成本会相应增加，而缺货的可能性会降低，从而减少缺货成本；随着每次订单数量的减少，订单的次数会增加，这会导致订单成本上升，存储成本下降，而缺货的可能性增加会使缺货成本上升。显然，存货的总成本中，订单成本、存储成本以及缺货成本的增减趋势并不总是一致的。在满足生产和经营需求的同时，为了将存货的总成本降至最低，关键步骤是确定一个适当的每次订货量。经济批量订货模型是一种经常被采用的策略。与存货的总成本相关的因素众多，为了简化计算，我们假设全年的存货需求是固定的、购买价格保持不变、每一次的订单量是一致的、采购的存货都会准时并一次性到达，并且在消耗和缺货方面都是均衡的。鉴于购买商品的价格保持不变，并且年度存货需求是固定的，因此存货的采购成本实际上是与决策过程无关的费用，在这里我们不进行考虑。由于绝对不容许出现缺货情况，因此在这里也不会考虑缺货的成本，因此存货的总成本主要是由订货成本和存货储存成本共同决定的。鉴于订货和储存的固定成本与决策过程并无直接关联，因此在构建经济订货批量模型的过程中也可以选择不将其纳入考虑。

四、再订货点和安全库存的确定

（一）再订货点

从货物的初次订购到其最终到达都需要一段特定的时间，这段时间的延迟被称作订货的提前期。如果我们预测从开始采购到货物抵达需要大约 2 周的时间，为了确保在原始库存耗尽时，新的货物能够及时送达，避免对生产造成干扰，我们需要确定一个新的订货点。

（二）安全存量

当存货的使用量超出了正常的需求范围，这可能会导致在新材料到达之前，原有的存货已经被消耗殆尽，因此安全存量成为为解决这一问题而增加的存货储备。其计算公式为：

安全存量＝（预计每周最大耗用量－平均每周正常耗用量）×订货提前期（周）

为了避免交货的延迟，安全存量也是非常有效的。如果预期的交货时间被暂时延长，那么企业可以多用一段时间来满足正常的存货需求。

安全库存显然是有用的，但同样会导致成本的增加，所以在确定最优安全库存量时，要考虑以下几个因素：

一是存货使用量的预计准确度；

二是交货延误的可能性大小；

三是由于库存不足，生产和经营活动以及信誉可能遭受不同程度的损害。当存货的存储成本相对较低时，我们可以适当增加存货的安全存储容量；如果存货的存储成本增加，那么最佳的安全库存量应当随之减少，否则存货的总体价值可能会大幅上涨。

五、存货的日常控制

存货项目可以被细分为三个主要类别：材料存货、在产品存货以及成品存货。目前，存货的常规管理手段包括归口分级管理、ABC 分类控制以及存货的实时控制等，以下是对这些方法的详细介绍：

（一）存货的归口分级管理

存货的归口分级管理是指在厂长、经理的领导下，以财务部门为核心，遵循用、管、算相结合的原则，将存货的定额和计划指标按照各职能部门的业务归口，然后按对口分解，分级落实到车间、班组甚至个人负责的管理制度。通常的操作方式是：供应部门负责管理原材料、燃料、辅助材料、包装材料等的资金定额；设备动力部门负责管理备品和备件的资金定额；技术和工具两个部门负责管理工程、卡片和模具的资金定额；劳动工资部门负责管理劳动保护用品的资金定额；生产部门负责管理产品和自制半成品的资金定额；销售部门负责管理成本资金和外购商品的资金定额等事务。

在执行集中管理的前提下，各个集中管理部门应当将其管理的资金进行拆分，并将其分配给其下属的单位和个人，以实施分级管理的指标体系。这一管理模式的显著特性在于：它将供应、生产和销售活动与资金管理紧密结合，同时也将责任、权力和利益有机地结合在一起，这有助于激发企业内部各个部门和各个环节在资金管理方面的积极性和主动性。

（二）ABC 分类控制法

ABC 分类控制法是意大利经济学家巴雷特于 19 世纪首创的，之后经过不断发展和完善，现已被广泛用于存货管理、成本管理和生产管理。

该企业所持有的存货种类和规格相当丰富，数量庞大，并且需要大量的资金投入。某些商品的售价非常高昂，而另一些则相对便宜。为了更好地管理存货并提升其效益，应当对存货进行细致的分类，并根据存货的不同价值提供相应的管理策略。

ABC 控制法是根据各项存货占全部存货的金额大小分成 A、B、C 三类，其中，A 类存货的品种、数量通常约占全部存货品品种数量的

10%，但资金约占存货总金额的70%。对于这类存货，应严格管理其收入和发出，并经常检查库存，应集中精力管理；B类存货的种类和数量通常大约占所有存货的20%～30%，而资金大约占存货总额的20%；C类存货的品种、数量通常约占全部存货的60%～70%，资金额约占存货总金额的10%，对于企业中经常使用的螺栓、螺母等物品，通常建议集中采购，并适当增加安全库存，这样可以简化采购流程，降低订货成本，并减少因缺货造成的损失，从而避免投入大量的时间和努力进行规划和管理。企业应该对这种存货的管理给予足够的关注，可以根据其在生产过程中的重要性和采购的难易程度来分别处理，从而实施有效的管理。

（三）即时性管理

存货的即时性管理（Just－In－Time，简称JIT），为了确保企业的生产和经营需求与材料物资供应能够同步，需要确保物资的传输和加工速度都在同一节奏内，这样可以将存货减少到最小，甚至可能完全没有存货，这就是所谓的零库存。通过消减大量存货，不仅节省了存货储备所需的资金，还降低了相应的存储成本，从而提升了资金使用的效率。对于企业来说，即时性管理提出了更为严格的标准，只有当这些标准得到满足时，即时性管理才能真正展现其价值。

六、财务主管与存货

尽管存货管理不是由财务主管直接负责的任务，但用于投资存货的资金确实是财务管理中的一个关键环节。因此，为了确保资金得到更为高效的分配，财务负责人必须对存货的管理方法有深入的了解。负责财务的主管需要关注以下几个方面：

一是对于投资于存货的资金来说，机会成本越高，相应地，最优的平均存货水平和最优的订货量也应该更低，反过来也是如此。对于财务主管来说，EOQ模型在计划存货融资方面具有很高的实用价值。

二是持有存货有贬值的风险。随着科技的进步、材料及产品的快速更新和社会趋势的转变，某些存货可能会迅速地贬值，甚至面临被市场淘汰的风险。另外，存货市场的价格波动和存货的物理属性恶化都可能导致存货价格的降低或贬值，因此财务负责人也需要对此保持高度警觉。

三是存货的存储会增加其他资金的占用量。为了存储库存，我们需要一个仓库和管理团队，这无疑会导致成本和费用的增加。特别需要注意的是，建立仓库需要大量的资金投入，并且这些资金长时间被占用，从而导致企业资金使用效率的降低。如果从 EVA（经济附加值）的视角来看，在确保生产和经营活动正常进行的基础上，精心进行存货管理，并尽量减少库存的大小和数量，将有助于提升企业的整体价值。

第六章　财务分析与业绩评价

第一节　财务分析概述

一、财务分析的意义

财务分析主要基于企业的财务报告和其他相关信息，运用多种分析手段，对企业在特定时间段内的财务状况和经营成果进行深入的研究和评估。这一分析不仅反映了企业在运营过程中的优缺点和未来发展方向，还为优化企业财务管理和经济决策提供了宝贵的财务数据。

通过财务分析，我们可以评估一个企业在偿债能力、营运能力、盈利能力、发展能力以及财务状况和财务实力的表现；对经营成果进行评估和考核，以揭露财务方面的问题；深挖公司的内在潜能，并探索如何提升其经营管理质量和经济回报的方法；对企业的发展方向进行评估。因此，进行财务分析在现实生活中具有不可忽视的重要性。

二、财务信息的需求者

需要财务信息的群体涵盖了企业投资者、债权人、经营者、政府机构、注册会计师、供应商以及员工等多个方面。出于各种不同的利益动机，需求者对财务报告的分析信息有着各自独特的需求。

（一）投资者

为了决定是否进行投资，投资者需要仔细评估公司未来的盈利潜力以及可能面临的经营风险；在决定是否进行股份转让时，必须仔细分析公司的盈利情况、股价的波动以及未来的发展潜力；为了评估经营者的业绩表现，有必要对资产的盈利状况、破产的风险以及市场竞争力进行详细分析；为了确定股利的分配策略，我们需要对筹资情况进行深入分析。

（二）债权人

在决定是否向公司提供贷款时，债权人需要仔细评估贷款的收益和所带来的风险；为了更好地了解债务人的短期偿债能力，有必要对其资金流动情况进行深入分析；为了深入了解债务人的长期偿还债务的能力，有必要对其盈利情况和资本构成进行详细分析。债权人所提供的资金具备固定的利息、优先支付的特性，但它们不能分享剩余的利益，因此，投资的安全性受到了特别的重视。因此，债权人对企业的偿债能力这一指标给予了更高的重视。

（三）经营者

作为企业的管理者，经营者需要进行全面的财务分析，以满足各种利益相关方的需求，并协调各方的利益关系，这几乎涵盖了所有外部使用者所关心的问题。

（四）政府

政府不仅是宏观经济的管理者，同时也是国有企业的拥有者和关键的市场参与方。因此，在关注投资带来的社会影响的同时，政府也会特别重视投资的经济回报。为了更好地执行其职责，政府需要深入了解公司的纳税状况、是否遵循政府的法律和市场规则，以及员工的收入和就业情况。

（五）注册会计师

为了降低审计的风险，注册会计师需要对公司的盈利能力和破产的可能性进行评估；为了明确审计的焦点，我们需要对财务数据中的异常变化进行深入分析。

（六）其他财务信息使用者

涵盖了供应商、客户、公司职员、并购分析专家以及社交媒体等多个领域。供应商在决定是否建立长期合作关系时，需要分析公司的长期盈利能力和偿债能力，而在决定信用政策时，也需要分析公司的短期偿债能力；为了确定是否构建长期的合作伙伴关系，客户需要仔细评估公司的持续供应和售后服务的能力；为了确定公司的职业发展方向，公司的员工需要对公司的持续运营和盈利状况进行深入分析。

三、财务分析的局限性

财务分析所面临的局限主要体现在其依赖的报表数据、采用的分析手段以及所使用的分析指标上。

财务分析主要依赖企业提交的各种财务会计报告，这些报告包括会计报表、附注以及财务状况的详细说明。然而，这些资料自身就存在一定的局限性，如数据之间缺乏可比性、可靠性不足以及存在一定的滞后性等问题。

财务分析方法主要包括比率分析法、比较分析法和趋势分析法，都是依据企业已经存在的数据进行分析，根据《企业会计制度》的规定，由于年度财务会计报告可以在年度结束后的四个月内提交，因此财务报表分析所依赖的数据与企业实际业务发生的时间存在很长的间隔，这可能会导致分析结果不尽如人意。

财务分析的主要指标涵盖了流动比率、速动比例、已获利息倍数、应收账款周转率、存货周转率、销售利润率、资本保值增值率和净资产收益率等多个方面。然而，由于这些指标存在一定的局限性和对某些指标概念定义的不一致性，这导致了分析结果具有一定的局限性。

第二节　财务分析方法

财务分析的方法包括趋势分析法、比率分析法、因素分析法等。

一、趋势分析法

趋势分析法，也被称为水平分析法，是一种通过比较两期或连续几期的财务报告中的相同指标来确定其增减变化的方向、金额和幅度，从而研究企业的财务状况、经营成果和现金流量的变化趋势的方法。它涵盖了三种不同的比较方法：重要财务指标的对比、财务报表的对比以及报表项目构成的对比。

（一）重要财务指标的比较

本研究的目的是比较不同时间段财务报告中相同的指标或比例，直观地观察它们的变化趋势和幅度，进而分析其未来发展方向，并对其未来发展进行预测。主要方法有：

1. 定基动态比率

这是以某一时期的数额为固定的基期数额计算的动态比率。公式：

$$定基动态比率=\frac{分析期数额}{固定基期数额}\times 100\%$$

2. 环比动态比率

这是以每一分析期的前期数额为基期数额计算的动态比率。其计算公式：

$$环比动态比率=\frac{分析期数额}{前期数额}\times 100\%$$

（二）财务报表的比较

财务报表的对比是一种方法，它将连续几期的财务报表金额进行并列，然后比较相同指标的增减变动金额和幅度，以此来判断企业的财务状况、经营成果和现金流量的发展变化。当采用这种方法进行对比分析时，最佳的做法是同时计算相关指标的绝对增减变化和其相对值的增减变动。这种方式能够有力地防止分析结果出现偏差。在财务报表的对比中，我们可以看到资产负债表、利润表以及现金流量表等多个方面的比较。

（三）财务报表项目构成的比较

通过将财务报表中的某一总体指标设定为100%，然后计算其各个组成部分在该总体指标中所占的百分比，并对这些组成部分的百分比进行增减比较，以此作为判断财务活动变化趋势的依据。与前两种方法相比，这一方法能更精确地预测企业财务活动的未来走向。该方法不仅适用于同一家企业在不同时间段的财务状况进行纵向对比，还可以应用于不同企业间的横向财务比较。此外，这一方法还有助于消减不同时间段（不同企业）间业务规模的差异，从而有助于更准确地分析企业的运营成本和盈利状况，尽管资本结构的计算过程相对复杂。

虽然比较分析法具有简单和直观的特点，但需要注意的是，用于比较的指标计算的口径必须是一致的；排除偶然发生的项目所带来的影响；采用例外原则对某一明显变化的指标进行深入分析，探讨其产生的背后原因，从而制定相应的策略和措施，以实现利益最大化和避免损害。

二、比率分析法

这是一种基于同一期财务报告中多个关键项目的数据进行相互比对，从而确定比例的方法，用于深入分析和评估公司的经营行为以及其当前和过去的状态，它是财务报告分析的核心工具。主要分为三个类别：构成比率、效率比率和相关比率。

（一）构成比率

构成比率，也被称为结构比率，描述的是某一财务指标中各部分的数值与整体数值之间的百分比关系，揭示了部分与整体之间的联系。通过使用构成比率，我们可以评估整体中某一部分的生成和布局是否合适，从而更好地协调各种财务操作。其计算公式为：

$$构成比率=\frac{某个组成部分数值}{总体数值}\times 100\%$$

（二）效率比率

效率比率是一个用于量化某一财务活动中投入与产出、支出与收益之间比例关系的指标。通过效率比率这一指标，我们可以评估经营的效果和经济效益的高低。当我们将利润项目与营业成本、营业收入和资本金等因素进行比较时，我们能够计算出成本利润率、营业净利率和资本金利润率等关键指标。通过这些指标，我们可以从多个视角对比盈利能力的高低和其变化趋势，进一步分析财务表现，并对企业的经营状况和经济效益进行评估。

（三）相关比率

相关比率是通过比较某一项目与其关联但又有所不同的项目来确定的，它揭示了在相关经济活动中财务指标之间的互动关系。通过相关比率的评估，我们可以判断关联的业务布局是否合适，并确保企业的生产和经营活动能够流畅进行。通过将流动资产与流动负债进行比较，我们可以计算出流动比率，并据此评估企业的短期偿还债务的能力。

比率分析法不仅计算过程简洁、结果易于评估，还能对各种规模和行业的公司进行对比，但在采纳此方法时，有几个关键点需要特别留意：

1. 对比项目的相关性

在计算比率时，分子与分母之间必须存在明确的相关性和逻辑联系，以确保所计算出的比率能有效地解释问题，并具有财务价值。在比例指标的构建过程中，某些指标需要是整体指标这一更大体系里的一个较小的子系统；在衡量效率的指标里，投入和产出之间必须存在明确的因果联系；在各种相关的比例指标中，两个比例指标之间必须存在深层次的联系，这样才能判断相关的经济活动是否达到了和谐平衡，以及其布局是否得当。

2. 对比口径的一致性

在计算比率时，分子和分母在计算的时间、范围、价格和计量单位等各个方面都需要保持一致的口径，以确保它们具有可比较性。通常情况下，用于计算比率的分子和分母都必须源于同一家公司或同一时间段的财务报告。

3. 比率指标要有对比的标准

财务比率可以通过分析指标间的联系来揭示企业财务活动的内在联系，但它只能提供企业在某一特定时点或时间段的实际情况。所选用的比例指标需要有明确的比较准则，以确保对财务健康状况进行准确的评估。通常用于比较的准则包括目标准则、历史准则、行业准则以及公众所接受的标准等。

三、因素分析法

因素分析法基于分析指标与其背后的驱动因子之间的联系，从数量角度明确了各个因素对分析指标的影响趋势和强度。采纳这一方法的基础假设是，在多个因素对分析指标产生影响的情况下，假设其他所有因素都保持不变，然后依次确定每一个因素单独变动所带来的影响。在常见的因素分析方法中，连环替代法和差额分析法是两大主流方法。

（一）连环替代法

连环替代法是一种方法，它将分析指标拆分为多个可以量化的因素，并根据这些因素之间的相互依赖关系，依次使用各因素的比较值（通常是实际值）和替代基准值（通常是标准值或计划值）来评估各因素对分析指标的影响。

（二）差额分析法

差额分析法实际上是连环替代法的简化版本，它通过比较各因素的比较值与基准值的差异来评估各因素分析指标的实际影响。

因素分析方法能够全方位地评估各种因素对特定经济指标的作用，同时也可以独立地研究某一因素对特定经济指标的影响，这种方法在财务报告的分析中得到了广泛的应用。在使用过程中，有几个关键问题需要特别注意：

1. 因素分解的关联性

构成经济指标的各种因素构成了该指标差异的根本原因，并且这些因素之间有着明确的因果联系。

2. 因素替代的顺序性

在日常的工作实践中，我们常常遵循一个顺序，即从数量到质量，从实物数量到价值量，从原始到派生，从主要到次要，从分子到分母，这种顺序是不能被随意颠倒的。

3. 顺序替代的连环性

在评估每个因素变化的影响时，我们都是基于上一次的计算结果来进行的，并通过连续对比的方式来确定这些因素变动的具体影响。

4. 计算结果的假定性

由于在因素分析法中，每个因素的变动影响值会因替代计算的顺序不同而产生差异，因此计算出的结果具有一定的假设性和近似性。

第三节　财务指标分析

财务指标分析主要对偿债能力、营运能力、盈利能力和发展能力四个方面进行分析，其主要依据是财务会计报表及相关资料。

一、偿债能力指标

偿债能力是指企业有能力偿还到期的债务，包括本金和利息。偿还债务的能力指标分为短期和长期两大类。

（一）短期偿债能力指标

企业的流动资产如何确保流动负债得到及时和充分的偿还，这一点是评估企业当前财务状况，特别是流动资产转化为现金的能力的关键指标。衡量企业短期偿债能力的主要指标包括流动比率、净营运资本、速动比率、现金流动负债比率以及现金比率这五个方面。

1. 流动比率

流动比率描述了企业流动资产与流动负债之间的关系，它揭示了企业每1元流动负债对应的流动资产数量，这反映了企业使用短期内可以转化为现金的流动资产来偿还到期的流动负债的能力，这也是衡量企业短期偿债能力的一个重要指标。其计算公式如下：

$$流动比率=\frac{流动资产}{流动负债}$$

流动资产通常涵盖了现金、有价证券、应收账款以及库存现金。流动性资产通常具有较高的变现潜力。流动负债通常涵盖了应付账款、短期应付票据、本年度到期的负债、尚未支付的所得税以及其他尚未支付的费用。为了偿还流动债务，通常需要用现金来支付。当一家公司面临财务上的挑战时，它可能会推迟支付应付款项或延迟偿还银行的贷款。为了偿还即将到期的债务，企业有责任在规定的时间内将其流动资产转换为足够的现金以支付债务。短期之内，流动资产有可能被转换为现金，并且其价值可以与市场价值相近。为了具备偿还债务的能力，流动资产和流动负债之间的比例必须是固定的。如果流动负债的增长速度太快，流动的比例可能会减少。

通常来说，企业的流动性越高，这意味着其短期偿还债务的能力越出色。人们普遍认为，当流动比率的下限是1，而当流动比率为2时则更为合适。当流动率偏低时，这可能意味着企业在规定的时间内难以偿还其债务；过高的流动率意味着企业的流动资产被大量占用，这不仅会降低资金使用的效率，还会降低企业筹集资金的成本，从而进一步影响其盈利潜力。

运用流动比率指标时，应注意以下几个问题：

（1）尽管流动资金的比率越高，用于偿还短期债务的流动性资产的保障也就越强，但这并不意味着企业有充足的现金或存款来偿还债务。

（2）从短期债权人的视角来看，他们自然更倾向于拥有更高的流动比率。然而，从企业运营的角度来看，过高的流动比率往往会导致企业持有过多的闲置现金，从而不可避免地增加机会成本和降低盈利能力。公司应当努力确保流动性保持在不让货币资金处于闲置状态的范围内。

(3) 关于流动比率的合理性，不同的行业、不同的企业，以及同一企业在不同时间段的评估标准都存在差异。因此，我们不应该使用统一的准则来判断各个企业的流动比例是否合适。

2. 净营运资本

净营运资本指流动资产超过流动负债的部分，是企业在某一时点流动资产归还和抵偿流动负债后的剩余。其计算公式为：

净营运资本＝流动资产－流动负债

用于计算净营运资本的“流动资产”和“流动负债”通常可以直接从资产负债表中获取。当流动资产和流动负债持平时，这并不能确保偿还债务。因为债务的到期时间和流动资产的现金产出是不可能同步的。因此，企业需要确保流动资产的数量超过流动负债，也就是说，需要保持一定数量的净营运资本作为缓冲，以防止流动负债“穿透”流动资产。

在流动资产超过流动负债的情况下，净营运资本呈现为正数，这意味着长期资本的数量超过了长期资产，并且超出的部分被分配给了流动资产。当净营运资本的数量增加时，其财务状态会变得更为稳健。相反，这意味着长期资本低于长期资产，并且部分长期资产的资金来源是由流动负债提供的。

3. 速动比率

速动比率是指一个企业的速动资产与其流动负债之间的比值。该理论假设速动资产是一种可用于偿还债务的资产，并指出每1元的流动负债中有多少速动资产作为偿还的保障。速动资产是指流动资产扣除存货、1年内到期的非流动资产和其他流动资产后的剩余金额。鉴于已经排除了存货和其他流动性较差且不稳定的资产，速动比率相对于流动比率能更精确和可信地评估企业资产的流动性以及其偿还短期债务的能力。其计算公式为：

$$速动比率=\frac{速动资产}{流动负债}$$

速动资产=货币资金+交易性金融资产+应收账款+应收票据

=流动资产-存货-预付账款-1年内到期的非流动资产-其他流动资产

通常来说，企业的速动比率越高，这意味着其偿还流动债务的实力越出色。人们普遍认为，当速动比率为1时是比较合适的；当速动比率低于1时，这意味着企业正面临巨大的偿还债务的风险；当速动比率超过1时，这意味着企业由于过度使用现金和应收账款，可能会增加其机会成本。

运用速动比率指标应注意的是：

(1) 速动比率过大或过小都有其负面影响。过高的速动比率虽然表明企业具备较高的偿债能力，但也暗示了企业在流动资产利用方面的效益相对较低；相对地说，如果一个企业的快速响应率太低，那么它可能会面对无法偿还短期债务的风险。

(2) 虽然与流动比率相比，速动比率更能体现流动负债偿还的稳定性和安全性，但这并不意味着速动比率较低的公司在流动负债到期时是绝对无法偿还的。事实上，如果一个企业的存货能够流畅流转并具有较强的变现能力，那么即便其速动比率相对较低，只要流动性较高，该企业依然有能力偿还即将到期的债务本金和利息。

(3) 不同行业的速动比率略有差异。

(4) 由于企业债务结构的不同，这导致了企业在不同时间段的债务偿还规模存在显著的差异，进而影响了速动比率在不同时间段的表现。

4. 现金流动负债比率

现金流动负债比率描述了企业在特定时间段内的经营现金净流量与流动负债之间的比例，它是一个流量的度量标准。从现金流量的视角分析，它能够展现企业在当前时期偿还短期债务的实力。其计算公式为：

$$现金流动负债比率=\frac{经营活动现金净流量}{流动负债（年末或平均）}\times 100\%$$

在这里，经营活动产生的现金净流量是指在特定时间段（例如1

年）内，由经营活动产生的现金和现金等价物的流入和流出之间的差值，这是一个可以用来偿还的现金流量；流动负债既有可能是年末的流动负债，也有可能是平均负债。

从现金流入和流出的变化趋势来看，现金流动负债比率是评估企业偿还债务能力的一个重要指标。鉴于盈利的年份并不总是有充足的现金来偿还债务，因此，采用基于收付实现制的现金流动负债比率指标，可以更准确地反映企业运营活动产生的现金净流量在多大程度上能够确保当期流动负债的偿还，从而直观地展示企业偿还流动负债的实际能力。采用这一指标来评估企业的偿债能力会更为审慎，因为该指标的数值越高，意味着企业在经营活动中产生的现金净流量越大，从而更有可能确保企业能够按时偿还即将到期的债务。然而，并不是越大越好，这个指标越大意味着企业的流动资金没有得到充分利用，盈利能力也不强。

5．现金比率

在所有的速动资产中，那些流动性最为出色且可以直接用于还债的被称作现金资产。现金资产涵盖了如货币资金和交易性金融资产等多种类型。这些资产与其他的速动资产存在明显的差异，因为它们本质上是可以直接偿还债务的资产，而那些非速动资产则需要等待一个不确定的时间段，才能转化为固定金额的现金。现金比率是指现金资产和流动负债之间的比例，它假设现金是可以偿还债务的资产，表示每1元流动负债有多少现金作为偿还保障。其计算公式为：

$$现金比率=\frac{货币资金+交易性金融资产}{流动负债}\times 100\%$$

分析短期偿债能力要注意影响短期偿债能力的表外因素，如表6—1。

表6—1　影响短期偿债能力的因素（表外因素）

增强短期偿债能力的因素	①可动用的银行贷款指标；②准备很快变现的非流动资产；③偿债能力的声誉
降低短期偿债能力的因素	①与担保有关的或有负债，如果数额较大且可能发生，就应在评价偿债能力时给予关注；②经营租赁合同中承诺的付款，很可能是需要偿付的义务；③建造合同、长期资产购置合同中的分阶段付款也是一种承诺，应视同需要偿还的债务

（二）长期偿债能力指标

企业的长期偿还债务的能力被称为长期偿债能力。衡量企业长期偿还债务的能力的主要指标包括资产负债率、产权比率、权益乘数、或有负债比率、已获利息倍数以及带息负债比率这六个方面。

1. 资产负债率

资产负债率又称负债比率，是指企业负债总额对资产总额的比率，它反映企业资产对债权人权益的保障程度。其计算公式为：

$$资产负债率（负债比率）=\frac{负债总额}{资产总额}\times100\%$$

资产负债率被全球普遍接受为评估企业偿还债务能力和经营风险的关键指数。相对保守的观点是，资产负债率通常不应超过 50%，而 60%通常被认为是更优的选择。通常来说，当资产负债率较低时，这意味着企业偿还债务的能力更为出色。

在进行资产负债率的分析时，应当从各个利益相关方的视角出发，对这一指标进行深入探讨。从债权人的角度出发，他们最为关注的问题是贷款给企业的资金是否能够在规定的时间内回收本金和利息。如果一个企业的资产负债率过高，这意味着该企业面临着沉重的债务负担，资金能力不足，并且在偿还债务方面缺乏足够的保障，这对债权人来说是不利的。因此，他们更倾向于希望债务比例尽可能低，这样企业的偿债就能得到保障，从而降低贷款的风险。从股东的视角来看，鉴于企业通过债务筹集的资金与股东提供的资金在运营中具有相同的价值，股东更加关注的是资本的整体利润率是否超出了借款的利息率，也就是借款的成本。当全部资本的利润率超过借款的利息率时，更高的负债比例更为理想，反之则相反。站在经营者的角度来看，如果债务过多，超出了债权人的心理承受能力，那么债权人将会认为这是不安全的，从而导致企业无法借到资金。然而，如果一个企业选择不借款或者其负债比例极低，这通常意味着该企业缺乏前进的动力，对未来缺乏信心，并且在利用债权人资金进行商业活动方面表现不佳。从财务管理的视角来看，企业在制定借入资金策略时，应当审慎评估当前的形势，全方位地思考，并在使用资产负债率这一指标时，深入考虑预期利润与潜在风险，同时权衡它们之间的优劣。

2. 产权比率

产权比率指企业负债总额与所有者权益总额的比率，反映企业股东权益对债权人权益的保障程度。其计算公式为：

$$产权比率=\frac{负债总额}{股东权益总额}\times 100\%$$

通常来讲，当产权比率较低时，这意味着企业的长期偿还债务的能力更强，债权人的权益得到更好的保护，所面临的风险也更低，但企业并未完全利用负债作为财务杠杆的优势。在评估产权比率是否适当时，应该从增强盈利和偿还债务的能力两个维度进行全面考虑，也就是说，在确保债务偿还的安全性的基础上，应该努力提高产权比率。

在评估偿债能力时，产权比率和资产负债率的影响几乎是一致的。这二者之间的核心差异在于：资产负债率主要关注于分析债务偿还的物质安全保障水平；产权比率主要是为了展示财务结构的稳健性和自有资金在偿还债务风险时的承受能力。

3. 权益乘数

权益乘数指资产总额与股东权益的比率，表示每1元股东权益拥有的总资产。其计算公式为：

$$权益乘数=\frac{资产总额}{股东权益总额}=1+产权比率=\frac{1}{1-资产负债率}$$

权益乘数越大，这意味着所有者在企业中投入的资本在总资产中所占的比例越低，这也意味着企业的负债水平越高；当这一比例较低时，这意味着所有者为企业投入的资金在总资产中所占的比例更高，这意味着企业的债务水平更低，同时债权人的权益也得到了更好的保障。

4. 或有负债比率

或有负债比率指企业或有负债总额对股东权益总额的比率，反映股东权益应对可能发生的或有负债的保障程度。其计算公式如下：

$$或有负债比率=\frac{或有负债总额}{股东权益总额}\times 100\%$$

或有负债总额=已贴现商业承兑汇票金额+对外担保金额+未决诉讼、未决仲裁金额（除贴现或担保引起的诉讼或仲裁）+其他或有负债金额。

通常来说，当潜在负债的比例较低时，这意味着企业具有更强的长期偿债能力，并且股东对潜在负债的保护程度也更高。负债比率的增加意味着企业所面临的相关风险也随之增大。

5. 已获利息倍数

所谓的已获利息倍数，是指企业在特定时间段内的息税前利润与利息支出之间的比例，这体现了盈利能力对于债务偿还的保障水平。在这里，息税前利润总额是指利润总额和利息支出的总和，而利息支出是指实际支出的借款利息、债券利息等。其计算公式为：

$$已获利息倍数=\frac{息税前利润总额}{利息支出}\times 100\%$$

息税前利润总额=利润总额+利息支出=净利润+所得税+利息支出

企业的盈利能力可以通过已获得的利息倍数来衡量，这也是一个评估企业长期偿还债务能力的关键指标。通常来说，当企业获得的利息倍数更高时，这意味着企业的长期偿还债务的能力更为出色。普遍的看法是，当这一指标设置为 3 时，它更为适宜。从长远的角度来看，为了保持正常的偿债能力，已经获得的利息倍数至少应该超过 1 倍。如果获得的利息倍数太低，那么企业可能会面临亏损，同时偿还债务的安全和稳定性也会受到威胁。

为了准确地确定企业已经获得的利息倍数，有必要将其与其他企业，特别是在本行业内的平均水平进行对比分析。基于稳健性的原则，最佳做法是对比本公司连续数年的相关指标，并以年度最低指标的数据作为评判标准。这种情况的出现是因为，企业不只是在经营良好的年份需要偿还债务，即使在经营不佳的年份也需要偿还债务。如果某一年的利润很高，那么已经获得的利息倍数也会很高，但不能每年都这样做。

通过使用最低年度的指标数据，我们可以确保最小的偿还债务的能力。

6. 带息负债比率

带息负债比率指企业某一点的带息负债总额与负债总额的比率，反映企业负债中带息负债的比重，在一定程度上体现了企业未来偿债尤其是偿还利息的压力。其计算公式为：

$$带息负债比率=\frac{短期借款+1年内到期的长期负债+应付利息+长期借款+应付债券}{负债总额}\times100\%$$

当带息负债比率降低时，这意味着企业面临的偿还债务的压力也随之减小，特别是在偿还债务利息方面的压力更为减轻；企业的带息负债比率越高，这意味着企业在偿还债务和利息方面所面临的风险也相应增大。

影响企业长期偿还债务能力的外在因素之一是长期租赁，也就是说，当企业的经营租赁量较大、期限较长或具有持续性时，就会形成一种长期性的筹资方式；二是关于债务担保，这意味着需要依据相关的资料来评估担保责任可能导致的长期负债风险；三是悬而未决的诉讼，如果未决诉讼的判决失败，将会对企业的偿债能力产生影响，因此在评估企业的长期偿债能力时，也需要考虑其可能的影响。

二、营运能力指标

营运能力描述的是企业在外部市场环境的限制下，通过内部的人力和生产资料配置，对实现财务目标所带来的影响程度。营运能力的评价标准涵盖了人力资源的营运能力和生产资料的营运能力两个方面。

（一）人力资源营运能力指标

人力资源营运能力通常采用劳动效率指标。劳动效率指企业营业收入或净产值与平均职工人数（可以视不同情况具体确定）的比率。其计算公式为：

$$劳动效率=\frac{营业收入或净产值}{平均职工人数}$$

在劳动效率的考核和评估中，主要是通过比较进行的。例如，我们可以将实际的劳动效率与公司的计划水平、过去的先进水平或行业内的平均先进水平进行比较，从而明确它们之间的差异，并分析造成这些差异的原因，以便选择合适的策略来提高人力资源的劳动效率。

（二）生产资料营运能力指标

生产资料的营运能力是指一个企业的总资产以及其各个组成元素的运营能力。资产的运营效率受到资产周转速度、资产的运行状态以及资产管理能力等多个因素的影响。以资产的周转速度为例，通常情况下，周转速度越快，资产的使用效率就越高，营运能力也就越强；反之，运营效率会更低。通常来说，资产的周转速度是通过周转速度和周转天数这两个指标来衡量的。

1. 周转率

周转率是指在特定时间段内，企业资产的周转总额与其平均余额之间的比值，这反映了资金在该时间段内的周转频率。资产的周转频次越高，其周转的速率也就越快，从而使得资产的运营能力更为出色。

2. 周转期

即周转次数的倒数与计算期天数的乘积，反映资金周转一次需要的时间长度。周转期越短，表明周转速度越快，资产营运能力越强。

生产资料营运能力可以从流动资产周转、固定资产周转、总资产周转等方面进行分析。

3. 流动资产周转情况

用于描述流动资产周转状况的主要指标包括应收账款的周转速度、存货的周转速度以及流动资产的周转速度。

应收账款周转率反映了企业在特定时间段内的营业或销售收入与平均应收账款余额之间的比例，这也揭示了企业应收账款的变现速度以及管理的效率水平。

应收账款的周转速度揭示了公司应收账款的变现速率以及其管理效能的优劣。通常情况下，应收账款的周转率越高，平均收账时间就越短，这意味着应收账款的回收速度也会更快，这表明收账速度快，账龄短，资产流动性强，短期偿债能力强，可以减少坏账损失等。如果不这样做，公司的运营资金可能会在应收账款中滞留过多，从而妨碍其资金的正常流转。

运用应收账款周转率进行分析时，应注意以下几个问题：

（1）对于报表的外部用户来说，获取赊销收入净额这一数据是相当困难的，他们可以将现金销售看作是收账期为零的赊销，并用销售收入净额来替代赊销收入净额进行计算。

（2）公式中的应收账款包括会计核算中“应收账款”和“应收票据”等赊销账款在内，且金额应为扣除坏账准备后的净额。

（3）由于存在季节性经营、大规模使用分期收款或现金结算等多种可能导致本指标结果不准确的情况，因此应综合考虑企业在不同时间段和行业内的平均水平来进行全面评估。

（4）分子、分母的数据应注意时间口径的一致性。

平均收账期也可作为一个单独的指标计算和分析。其计算公式如下：

$$\text{平均收账期}=\frac{360}{\text{应收账款周转率}}$$

存货周转率描述的是企业在特定时间段内的营业成本与存货的平均余额的比值，这反映了企业在生产和经营各个环节的管理状态，以及企业偿还债务和盈利的能力。这是一个综合性的指标，用于衡量企业在从获取存货、开始生产到销售回收（包括现金销售和赊账销售）的各个环节中，存货的运营效率。其计算公式为：

$$\text{存货周转率（周转次数）}=\frac{\text{营业成本}}{\text{平均存货余额}}$$

$$\text{平均存货余额}=\frac{\text{存货余额年初数}+\text{存货余额年末数}}{2}$$

$$存货周转期（周转天数）=\frac{平均存货余额\times 360}{营业成本}$$

存货周转天数的计算与平均收账期相同。其计算公式如下：

$$存货周转天数=\frac{360}{存货周转率}$$

存货周转率的提高意味着存货的周转速度更快，资金占用水平更低，流动性更强，并且存货转化为现金和应收账款的速度也更快；存货的周转速度越缓慢，其变现的能力就越弱。因此，提升存货的周转速度有助于增强企业的盈利潜力。

存货的周转率是存货管理水平的一个重要指标，它不仅决定了企业短期偿还债务的能力，同时也是企业整体管理策略的核心部分。库存的数量不能太少，否则可能导致生产的中断或销售的压力；存储的数量不宜过多，否则可能会导致物品滞留和堆积。同时，我们必须确保结构的合理性和质量的可靠性。在利用存货周转率进行分析的过程中，有几个关键问题需要特别关注：

（1）存货的计价方式对于存货的周转速度有着显著的作用。因此，在研究企业在不同时间段或不同企业的存货周转率时，必须确保存货的计价方式和计算标准是一致的。

（2）分子、分母的数据应注意时间口径上的一致性。

（3）存货的周转时间并不总是越短越好。过多的存货会导致资金的浪费，而过少的存货则无法满足流通的需求。在某些特定的生产和经营环境中，有一个理想的存货水平，因此存货的数量并不是越少越好。

（4）需要关注应付账款、存货以及应收账款（或销售）三者之间的相互联系。通常情况下，销售的增长会导致应收账款、存货和应付账款的上升，但这并不会对周转率产生显著的影响。

（5）应当重视存货中的成品、自行制作的半成品、所用原材料以及它们在产品与周转材料中的占比。

流动资产周转率是企业一定时期营业收入与平均流动资产总额的比率，反映全部流动资产的利用效率。其计算公式为：

$$流动资产周转率（周转次数）=\frac{营业收入}{平均流动资产总额}$$

$$平均流动资产总额=\frac{流动资产总额年初数+流动资产总额年末数}{2}$$

$$流动资产周转期（周转天数）=\frac{平均流动资产总额\times 360}{营业收入}$$

流动资产周转率是流动资产周转速度的一个反映，它从企业所有资产中流动性最强的流动资产的角度来分析企业资产的使用效率，揭示了影响资产质量的主要因素。当周转速度提高时，可以相对减少流动资产的使用，这实际上等同于间接增加了资产的投入，从而提高了企业的盈利潜力；由于周转速度的减缓，企业需要增加流动资产以参与资金周转，这不仅会导致资金的浪费，还会削弱企业的盈利潜力。然而，关于流动资产的周转速度到底应该是多少，目前还没有一个明确的准则。在进行评估时，我们通常会参考企业过去几年的数据，并与特定行业的特性进行对比。

4. 固定资产周转情况

反映固定资产周转情况的主要指标是固定资产周转率。固定资产周转率是企业一定时期营业收入与平均固定资产净值的比值。其计算公式为：

$$固定资产周转率（周转次数）=\frac{营业收入}{平均固定资产净值}$$

$$平均固定资产净值=\frac{固动资产净值年初数+固动资产净值年末数}{2}$$

$$固定资产周转期（周转天数）=\frac{平均固定资产净值\times 360}{营业收入}$$

通常而言，固定资产的周转速度很快，这意味着固定资产得到了充分的利用，投资得当，并且其结构分布是合理的，这有助于最大化固定资产的使用效益；当固定资产的周转速度较低时，这意味着企业在固定资产的使用上效率不高，所产出的产品数量有限，且其运营效率不佳。

运用固定资产周转率进行分析时，应注意以下几个问题：

（1）在公式里，固定资产的净值是由固定资产的原始价值减去累计折旧后，再减去已经提取的固定资产减值准备的余额得出的。因此，由于企业在固定资产折旧方法、折旧年限和固定资产减值准备的计算方式上存在差异，这经常导致固定资产的周转速度无法进行有效的比较。

（2）对于固定资产的周转速度，其分析准则并没有固定的数值，因此，通常需要参照特定行业的标准以及地区或全国在同一时期的指标值。

5. 总资产周转情况

反映总资产周转情况的主要指标是总资产周转率。它是企业一定时期营业收入与平均资产总额的比值。其计算公式为：

$$总资产周转率（周转次数）=\frac{营业收入}{平均资产总额}$$

$$平均资产总额=\frac{资产总额年初数+资产总额年末数}{2}$$

$$总资产周转率=\frac{营业收入}{平均资产总额}$$

$$总资产周转率（周转天数）=\frac{平均资产总额\times 360}{营业收入}$$

$$资产现金回收率=\frac{经营现金净流量}{平均资产总额}\times 100\%$$

通常来说，当企业的总资产周转率提高时，这意味着企业对所有资产的利用效率也随之提高，这意味着相同的资产能带来更多的收益，从而提高资产管理的效率，并增强企业的运营和偿还债务的能力。在进行具体的资产管理分析时，经营者不仅可以将当前的总资产周转率与上一期的各项指标进行比较，还可以将自己的企业指标与同行业的平均水平进行对比，以此来评估资产管理的整体水平。

6. 其他资产质量指标

不良资产比率和资产现金回收率等指标也能够反映资产的质量状况和资产的利用效率，从而在一定程度上体现生产资料的营运能力。其计算公式为：

$$不良资产比率=\frac{资产减值准备余额+应提未提和应摊未摊的营亏挂账+未处理资产损失}{资产总额+资产减值准备余额}$$

$$资产现金回收率=\frac{资产现金净流量}{平均资产总额}\times 100\%$$

三、盈利能力指标

盈利能力描述的是公司资金的增值潜力，这主要体现在收益的规模和程度上。盈利构成了企业持续发展的核心，它不仅涉及企业所有者的权益，同时也是偿还债务的关键途径，因此受到了投资者、债权人和企业管理层的普遍重视。公司众多的决策与行动综合起来，塑造了其盈利潜力。前文所描述的各种财务比例为我们展示了公司的运营流程，这些数据最终会体现在公司的盈利水平上。盈利能力的主要指标涵盖了营业利润率、成本费用利润率、盈余现金保障倍数、资产净利率、净资产收益率、每股收益、每股股利、市盈率、市净率以及每股净资产这十个方面。

盈利能力的分析主要是通过研究企业在生产和经营过程中产出、消耗与利润的比例关系来评估企业的盈利能力，主要的衡量标准包括营业毛利率、营业利润率、营业净利率以及成本费用利润率等。上市公司的盈利能力是通过每股收益、每股股利、市盈率和每股净资产等多个指标来进行评估的。

（一）营业利润率

营业利润率是企业一定时期营业利润与营业收入的比率：

$$营业净利率=\frac{净利润}{营业收入}\times 100\%$$

$$营业利润率=\frac{营业利润}{营业收入}\times 100\%$$

营业利润率越高，表明企业市场竞争力越强，发展潜力越大，盈利能力越好。在实务中，也经常使用毛利率、营业净利率等分析企业经营业务的获利水平。其公计算式如下：

$$营业毛利率=\frac{营业收入-营业成本}{营业收入}\times 100\%$$

（二）成本费用利润率

成本费用利润率是企业一定时期利润总额与成本费用总额的比率：

$$成本费用利润率=\frac{利润总额}{成本费用总额}\times 100\%$$

$$成本费用总额=营业成本+营业税金及附加+销售费用+管理费用+财务费用$$

当成本和费用的利润率提高时，这意味着企业在追求利润时所需的成本减少，成本和费用得到更好的控制，从而获得更高的盈利潜力。就像利润那样，成本和费用的计算方法也可以被划分为不同的级别，例如主要的营业成本和营业成本等。在对成本和费用的支出效果进行评估时，需要关注成本费用与利润在不同计算层次和计算口径下的相互关系。

（三）盈余现金保障倍数

盈余现金保障倍数代表了企业在特定时间段内的经营现金净流量与净利润的比率，它揭示了企业在当期净利润中现金收益的保障水平，并真实地展现了企业盈余的品质。其计算公式为：

$$盈余现金保障倍数=\frac{经营现金净流量}{净利润}$$

盈余现金保障倍数是一种从现金流入和流出动态变化的视角出发，对企业盈利质量进行全面评估，并据此对企业的实际盈利能力进行进一步的修正。盈余现金保障倍数是在收付实现制的基础上制定的，它能够充分展示企业当期净收益中有多少是有现金保障的，从而挤掉了收益中的多余部分，展示了企业当期收益的质量状况，同时也减少了权责发生制会计对收益的操纵。

通常情况下，当企业的当期净利润超过0时，这一指标应该超过1。当这一指标增大时，它意味着企业的经营活动所产生的净利润对现金的贡献也随之增大。然而，由于该指标的分母波动较大，其数值也有较大的波动，因此在分析该指标时，应根据企业的实际效益情况进行有针对性的研究。

（四）资产净利率

资产净利率是指在特定时间段内，企业所获得的净利润与其资产的平均总量之间的比值。企业的总体盈利能力，包括净资产和负债，是企业资产综合利用效果的一个反映。其计算公式为：

$$资产净利率=\frac{净利润}{平均资产总额}\times100\%$$

资产的净利率是对所有资产收益水平的一个反映，同时也揭示了其盈利潜力和投入与产出的实际情况。通过对这一指标进行深入的研究和分析，可以提高所有利益相关方对于企业资产管理的重视度，并进一步推动单位资产收益水平的提升。通常情况下，可以根据这个指标与市场的资本利率作对比，尤其是当这个指标超过市场利率时，这意味着企业能够最大化地运用财务杠杆来进行负债经营，从而获得最大的利润。这一指标的数值越高，意味着资产的使用效果越出色，企业的盈利潜力也就越大。

（五）净资产收益率

净资产收益率是企业一定时期净利润与平均净资产的比率，反映了企业自有资金的投资收益水平。其计算公式为：

$$净资产收益率=\frac{净利润}{平均净资产}\times100\%$$

$$平均净资产=\frac{所有者权益年初数+所有者权益年末数}{2}$$

在众多指标中，净资产收益率被认为是评估企业自有资本及其累计收益的最全面和最具代表性的，它展现了企业资本运作的整体效果。这一指标具有很高的通用性和广泛的适应性，不受任何行业的限制，并在国际企业的综合评估中表现出极高的效率。通过对这一指标进行全面的比较分析，能够明确企业在同一行业内的盈利能力所处的位置，以及与其他同类型企业之间的差异性水平。企业的净资产收益率越高，其自有资本获得收益的能力就越强，运营效益也会更好，从而对企业的投资人和债权人的利益提供更高程度的保障。

（六）每股收益

每股收益，也被称为每股利润或每股盈余，是一种用于评估企业普通股股东在持有每一股份时能够获得的企业利润或可能承担的企业亏损的业绩指标。每股收益的核算涵盖了基本每股收益以及稀释后的每股收益。

基本每股收益的计算公式为：

$$基本每股收益=\frac{归属于普通股股东的当期净利润}{当期发行外普通股的加权平均数}$$

$$当期发行在外普通股加权平均数=期初发行在外普通股股数+当期新发行在外普通股股数\times\frac{已经回购时间}{报告期时间}-当期回购普通股股数\times\frac{已经回购时间}{报告期时间}$$

其中，已经发布的时间、报告的时间以及已经回购的时间通常都是按照天数来计算的，但在不对计算结果产生影响的情况下，也可以选择按月份来简化这些计算。

每股收益的稀释是基于潜在普通股稀释效应的考量，在对基本每股收益的分子和分母进行适当调整后，进一步得出的每股收益。可能的稀释因子涵盖了认股权证、可转债以及股票期权等多种形式。每股的收益越大，意味着公司的盈利潜力越大。

每股收益是一个用于评估上市公司盈利能力的综合性财务指标，它可以被拆分为多个相互关联的财务指标。因此，在分析每股收益的时候，可以采用连环替代法来研究各个因素对指标的影响。

（七）每股股利

每股股利代表了上市公司在本年度发放的普通股现金股利与年终普通股总量的比率，这反映了上市公司在当期的利润积累和分配状况。

（八）市盈率

市盈率体现了上市公司的普通股每股价格与每股收益之间的比例，这是投资者愿意为上市公司的每股净利润支付的金额。这可以被应用于评估股票的投资回报和潜在风险。其计算公式为：

$$\text{市盈率}=\frac{\text{普通股每股市价}}{\text{普通股每股收益}}$$

通常情况下，当市盈率较高时，这意味着投资者对公司的未来发展持乐观态度，并希望以更高的价格购入公司的股份。然而，某一股票的市盈率异常高涨，这也暗示着这类股票面临着相对较高的投资风险。

（九）市净率

市净率是指普通股每股市价与每股净资产的比率，反映普通股股东愿意为1元净资产支付的价格。其计算公式为：

$$\text{市净率}=\frac{\text{每股市价}}{\text{每股净资产}}$$

（十）每股净资产

每股净资产是上市公司年末净资产（即股东权益）与年末普通股总数的比值：

$$\text{每股净资产}=\frac{\text{年末股东权益}}{\text{年末普通股总数}}$$

四、发展能力指标

企业的发展潜力体现在其生存基础上进一步扩展其规模并增强其综合实力上。我们主要研究了以下八个关键指标：营业收入的增长率、资本的保值和增值率、资本的积累率、总资产的增长率、营业利润的增长率、技术投入的比率、营业收入的三年平均增长率以及资本的三年平均增长率。

（一）营业收入增长率

企业的营业收入增长率反映了企业今年的营业收入增长与前一年的营业收入总和之间的比例，这也揭示了企业营业收入的变化趋势。其计算公式为：

$$营业收入增长率=\frac{本年营业收入增长额}{上年营业收入总额}\times100\%$$

本年营业收入增长额＝本年营业收入总额－上年营业收入总额

企业的营业收入增长率被视为评估其经营状态、市场份额以及预测其业务扩展方向的关键指数。当营业收入的增长率超过零时，这意味着企业在本年度的营业收入有所上升，而这一指标的数值越高，则意味着营业收入增长的速率越快，市场的发展潜力也就越大；如果这一指标低于零，那么这可能意味着产品或服务的流通不畅，或者其质量和价格不高，或者可能存在售后服务的缺陷，从而导致市场份额的减少。在评估该指标时，应综合考虑企业过去几年的营业收入、市场份额以及行业的未来趋势等多个因素。

（二）资本保值增值率

资本保值增值率描述的是在排除客观因素后，年末和年初所有者权益总额之间的比值，这一比率揭示了企业在当年的努力下，资本的实际增减变化情况。其计算公式为：

$$资本保值增值率=\frac{扣除客观因素后的年末所有者权益总额}{年初所有者权益总额}\times100\%$$

普遍的观点是，当资本的保值增值率更高时，这意味着企业的资本保存状况更为良好，所有者的权益增速更快，同时债权人的债务也得到更好的保护。通常情况下，这一指标应该超过100%。

（三）资本积累率

资本积累率是本年所有者权益增长额与年初所有者权益的比率，反映企业当年资本的积累能力。其计算公式为：

$$资本积累率=\frac{本年所有者权益增长额}{年初所有者权益}\times 100\%$$

本年所有者权益增长额=所有者权益年末数－所有者权益年初数

资本积累率反映了企业在当年内所有者权益的整体增长趋势，它揭示了所有者权益在那一年的变化程度，并展示了企业资本的累积状况。这不仅是企业发展的有力标志，也是扩大再生产的重要来源，并展示了企业的巨大发展潜力。此外，资本积累率也揭示了投资者在投资企业资本时的完整性和增长潜力。如果这一指标超过零，那么这意味着资本的积累正在增加，从而提高了应对风险和持续发展的能力；这一指标低于零，意味着公司的资本正在遭受损失，同时所有者的利益也受到了打击。

（四）总资产增长率

总资产增长率是本年总资产增长额同年初资产总额的比率，反映企业本期资产规模的增长情况。

企业的总资产增长率反映了企业在资产总量上的发展潜力，这也揭示了规模扩张程度如何影响企业的持续发展能力。这一指标的数值越高，意味着在某一特定时间段内，资产经营的规模增长速度更为迅猛。在进行实际的资产分析时，我们不能仅仅简化为高指标、强大的风险应对能力和良好的发展前景。相反，我们应该重视资产规模扩张的质量与数量之间的关系，并考虑其未来的发展潜力，以避免盲目地资产扩张。

（五）营业利润增长率

营业利润增长率代表了本年度营业利润的增长与前一年的营业利润总和之间的比例，这反映了公司营业利润的变化趋势。

（六）技术投入比率

技术投入比率描述了本年度的科技开支（涵盖了研究开发、技术革新和科技创新等领域的资金）与当年的营业收入之间的关系，这反映了公司在科技创新上的投资，并在某种程度上展示了公司的成长前景。其计算公式为：

$$技术投入比率=\frac{本年科技支出合计}{本年营业收入}\times100\%$$

（七）营业收入三年平均增长率

营业收入的三年平均增长数据揭示了连续三年营业收入的上升趋势，这体现了公司的持续增长和市场拓展实力。

这一指标的数值越高，意味着企业的基础更为稳固，其可持续发展的能力和潜在的发展空间也越大。企业的营业收入三年平均增长率这一指标能有效地展示企业经营活动的增长模式和稳定性，同时也能反映出企业的持续发展状况和能力，从而避免因少数年份的业务波动导致对企业发展潜力的误判。普遍的观点是，企业的营业收入在三年内的平均增长率越高，这意味着企业的营业持续增长潜力越大，市场的拓展能力也越出色。

（八）资本三年平均增长率

资本的三年平均增长率反映了一个企业连续三年的资本积累状况，这在某种程度上揭示了该企业的持续成长水平和未来发展方向。这一指标可以揭示资本的积累和扩张的历史轨迹，同时也展示了企业的稳定增长方向。普遍的观点认为，资本的三年平均增长速度越快，这意味着企业所有者的权益得到了更好的保护，并且他们应对各种风险和持续发展的能力也更强。

第四节　综合指标评价

一、综合指标评价概述

综合评估的终极目标是全方位、精确和客观地展示和披露企业的财务健康状况和经营管理成就，并对企业的经济效益进行系统性和合理性的评估。很明显，为了实现这样的分析目标，仅仅计算几个财务指标是难以得出合理和准确的综合结论的，有时甚至可能导致错误的结论。因此，为了对企业的财务健康和经营表现进行全面评估，我们必须将企业的偿债、运营、盈利和发展能力等多个分析指标视为一个统一的整体，并构建一个全面的财务指标体系。只有系统地、全方位地分析企业的财务健康和经营成果，并采用恰当的评价标准进行综合评估，我们才能得到准确的分析结果。

综合财务指标体系的建立，应当具备三个基本素质：

（一）指标要素齐全适当

在进行财务综合分析时，必须以各个财务报表的单项指标和相关要素为基础。这些单项指标和它们的计算必须是真实的、全面的和适当的。所设定的评价指标必须能够全面覆盖企业在盈利能力、偿债能力、营运能力和发展能力等多个方面的总体分析需求。

（二）主辅指标功能匹配

考虑到财务指标的多样性，当进行综合财务报告的分析时，必须明确核心问题。只有明确主要的目标，才能有效地解决影响企业财务健康的关键问题。只有在深入分析主要的财务指标之后，再对辅助指标进行细致的探讨，才能确保分析的深度、准确性和详尽性。在使用主、辅指标的过程中，我们还需要特别关注主辅指标之间的根本联系和层次结构。

（三）满足多方信息需要

在进行财务综合分析时，必须充分考虑到企业各利益相关方的财务信息需求，需要从多个角度和层次进行全面的评估和分析，而不仅仅是从企业的内部管理、债权人或国家的宏观监管等方面进行评估和判断。

二、综合指标的评价方法

综合指标的评价方法主要有杜邦财务报表分析体系和沃尔比重评分法。

（一）杜邦财务报表分析体系

杜邦财务报表分析体系，也被称为杜邦体系，是一种基于各种财务指标之间的内在联系，对企业的综合经营、理财和经济效益进行全面评估和分析的手段。该财务体系以净资产收益率为中心，被拆分为多个财务指标，并通过分析这些分解指标的变化对净资产收益率的影响，以揭示企业的盈利能力和其变化的原因。杜邦体系各主要指标之间的关系如下：

$$\text{净资产收益率} = \text{资产净利率} \times \text{权益乘数}$$

$$= \text{营业净利率} \times \text{总资产周转率} \times \text{权益乘数}$$

$$\text{营业净利率} = \frac{\text{净利润}}{\text{营业收入}}$$

$$\text{总资产周转率} = \frac{\text{营业收入}}{\text{平均资产总额}}$$

$$\text{权益乘数} = \frac{\text{平均资产总额}}{\text{平均所有者权益总额}} = \frac{1}{1-\text{资产负债率}}$$

在利用杜邦体系进行具体分析时，我们可以选择因素分析法。首先，我们需要确定营业净利率、总资产周转率和权益乘数的基准值，然后将这三个指标的实际值代入，分别计算和分析这三个指标的变化对净资产收益率的影响方向和程度。我们还可以采用因素分析方法来进一步拆分各项指标，并深入探讨其变化的根本原因，以寻找相应的解决策略。

杜邦的分析方法在指标构建上存在局限，它更多地从企业所有者的利益出发。从杜邦的指标体系分析，当其他变量保持不变时，资产负债的比率越高，净资产的收益率也就越高。这主要是因为更多的负债和财务杠杆的作用，但这并没有考虑财务风险。负债越多，财务风险就越高，从而导致偿还债务的压力也随之增大。因此，我们应该结合其他的评价标准来进行全面的分析。

（二）沃尔比重评分法

沃尔比重评分法是一种通过将特定的财务比率与线性关系相结合，

并为每个比率设定相应的分数比重，然后与标准比率进行对比，以确定各个指标的得分和总体指标的累计分数，进而对企业信用水平进行评估的方法。通常情况下，我们会选择流动比率、产权比率、固定资产比率、存货周转率、应收账款周转率、固定资产周转率和主权资本（即所有者权益）周转率这七个财务比率，并为它们设定相应的分数比重，总计为100分。然后将这些比率与标准比率进行对比，从而确定各个指标的得分和整体指标的累计分数，并据此对企业进行全面的评估。

在最初的理解中，沃尔比重分析法有两大不足：一是它无法明确为何选择这七个指标；二是当某一指标出现严重的异常，它可能会对总分带来不合逻辑的显著影响。因此，在挑选指标的过程中，我们还应该考虑一些非财务性的指标作为参照。

沃尔比重评分法的核心流程涵盖了：挑选评估标准并为这些标准分配权重；确立各个评估标准的标准值和相应的标准系数；对所有的评估标准进行打分，并据此计算出整体得分；得出评估的结论。

第五节　业绩评价

一、业绩评价的意义

业绩评估采用数学统计和运筹学的手段，构建了一个全面的评价指标体系。通过与相关评价标准的对比，结合定量和定性的分析方法，对企业在特定经营周期内的盈利能力、资产状况、债务风险以及经营增长和努力水平等方面进行了全面的评价。

从科学的角度评估企业的表现，不仅可以为出资者在选择是否继续雇用经营者时提供关键的参考，还能加强对企业经营者的监督和限制，为激励经营者提供坚实的依据，并为政府相关部门、债权人、企业员工等各方提供有力的信息支撑。

二、业绩评价的内容

根据国务院国资委的要求，业绩评价由财务业绩定量评价和管理业绩定性评价两部分组成。

（一）财务业绩定量评价

财务业绩的定量评估涉及对企业在特定时间段内的盈利潜力、资产的质量、债务的风险以及经营的增长情况进行深入的量化比较和评价。

1. 企业盈利能力分析与评判

企业的投入产出水平、盈利质量和现金保障状况主要是通过资本和资产报酬水平、成本费用控制水平以及经营现金流量状况等财务指标来综合反映的。

2. 企业资产质量分析与评判

财务指标，如资产的周转速度、运行状况、结构性和有效性等，主要是为了全面展现企业在经济资源利用效率、资产管理能力和资产安全性方面的表现。

3. 企业债务风险分析与评判

企业的债务水平、偿债能力以及所面临的债务风险主要是通过财务指标如债务负担水平、资产负债结构或有负债情况、现金偿债能力等方面来综合反映的。

4. 企业经营增长分析与评判

企业的经营增长水平和发展潜力主要是通过销售增长、资本积累、效益变化和技术投入等财务指标来综合反映的。

（二）管理业绩定性评价

管理业绩的定性评估是基于企业财务表现的定量评估，并通过专家的评议，对企业在特定时间段内的经营管理能力进行深入的定性分析和整体评价。

三、业绩评价指标

评估业绩的标准通常由两大部分组成：定量评价指标和管理业绩的定性评估。在明确了各个具体的指标之后，我们为它们分配了相应的权重，从而构建了一个完备的指标框架。

（一）定量评价指标

财务业绩定量评价指标依据各项指标的功能作用划分为基本指标和修正指标。

在这之中，基础指标揭示了企业在特定时间段内的财务表现的核心内容，并为企业的财务表现提供了量化的评估结果。修正后的指标会根据财务指标之间的差异和补充性，对基础指标的评估结果进行进一步的补充和修正。

1. 盈利能力指标

这包含了净资产收益率和总资产报酬率这两个核心指标，以及营业利润率、盈余现金保障倍数、成本费用利润率和资本收益率这四个修正指标。这主要揭示了企业在特定的经营周期内的投入与产出以及盈利的品质。

2. 资产质量指标

这包含了两个核心指标：即总资产周转率和应收账款周转率，以及三个修正指标：即不良资产比率、流动资产周转率和资产现金回收率。这主要揭示了企业如何高效地利用其经济资源，以及资产管理的质量和资产的保密性。

3. 债务风险指标

这包含了资产负债率和已获得的利息倍数这两个核心指标，以及速动比率、现金流动负债比率、带息负债比率或负债比率这四个修正指标。这主要揭示了公司的债务状况、偿还债务的能力以及它所面对的债务风险。

4. 经营增长指标

包括营业收入增长率、资本保值增值率两个基本指标和营业利润增长率、总资产增长率、技术投入率三个修正指标，主要反映企业的经营增长水平、资本增值状况及发展后劲。

（二）管理业绩定性评价指标

管理绩效的定性评估标准涵盖了企业的发展策略制定与实施、经营选择、创新发展、风险管理、基本管理、人力资源管理、行业的影响力以及对社会的贡献等八大领域的指标。这主要展示了企业在特定的经营周期内实施的各种管理策略以及这些策略带来的管理效果。

企业管理绩效的定性评价指标应根据评价工作的需求进行进一步的细化，如果可以量化的，应使用量化指标来反映。

四、业绩评价标准和评价方法

绩效评估的标准可以分为财务绩效的定量评估标准和管理绩效的定性评估标准，这些通常是由政府或其他权威机构统一计算和发布的。

（一）评价标准

财务表现的量化评估标准涵盖了国内和国际的行业标准，并根据各个行业、规模和指标种类进行了等级划分。在进行管理业绩的定性评估时，我们根据评估的具体内容，并结合企业的实际经营管理水平以及出资人的监管标准，进行了统一的计算和级别划分。

（二）评价方法

1. 财务业绩定量评价方法

财务业绩的定量评估是基于功效系数法的理念，利用企业的实际评价指标与其所在行业（规模）的标准值进行对比，并根据预定的评分模型进行精确的量化计算。它的基础操作步骤如下：

（1）从相关数据中提取信息进行适当的调整，并计算出各个指标的实际数值。财务绩效的量化评估主要依赖企业每年的财务会计报告。为了对企业的业绩进行客观和公正的评估，并确保评估的基础数据真实、完备和合适，在开始评估之前，我们通常需要对这些数据进行核查，并根据实际状况根据其重要性和可比性进行必要的调整。在这个基础之上，我们采用各项指标的计算公式，以确定各项指标的实际值。

（2）确定各项指标标准值。所有指标的标准值是由相关权威机构采用数学统计手段，按照年度、行业和规模进行统一计算和公布的。企业通常可以依据其核心业务领域，参照国家所规定的行业分类标准来挑选最适合其自身的行业标准值。

（3）按照既定模型对各项指标评价计分。财务表现的评估涵盖了基础和修正两个方面，这两个方面的评分模型存在差异。

在财务业绩的定量评估中，基本指标的计分是基于功效系数法的原则进行的，它将实际的评价指标与行业的评价标准值进行对比，并根据预先设定的计分公式来计算各个基本指标的得分。其计算公式为：

$$\text{基本指标总得分} = \sum \text{单项基本指标得分}$$

$$\text{本档基础分} = \text{指标权数} \times \text{本档标准系数}$$

$$\text{单项基本指标得分} = \text{本档基础分} + \text{调整分}$$

$$\text{调整分} = \text{功效系数} \times (\text{上档基础分} - \text{本档基础分})$$

$$\text{上档基础分} = \text{指标权数} \times \text{上档标准系数}$$

$$\text{功效系数} = (\text{实际值} - \text{本档标准值}) / (\text{上档标准值} - \text{本档标准值})$$

本档标准值是指上下两档标准值居于较低等级一档。

财务业绩定量评价修正指标的计分是在基本指标计分结果的基础上，运用功效系数法原理分别计算盈利能力、资产质量、债务风险和经营增长四个部分的综合修正系数，再据此计算出修正后的分数。单项修正系数控制修正幅度为0.7～1.3。其计算公式为：

$$\text{某指标加权修正系数} = \frac{\text{修正指标权数}}{\text{该部分权数}} \times \text{该指标单项修正系数}$$

$$\text{某部分基本指标分析系数} = \frac{\text{该部分基本指标得分}}{\text{该部分权数}}$$

在计算修正指标单项修正系数过程中，对于一些特殊情况需要进行调整：

某指标单项修正系数＝1.0＋（本档标准系数＋功效系数×0.2—该部分基本指标系数）

如果修正指标实际值达到优秀值以上，其单项修正系数的计算公式如下：

单项修正系数＝1.2＋本档标准系数—该部分基本指标

分析系数时如果修正指标实际值处于较差值以下，其单项修正系数的计算公式如下：

单项修正系数＝1.0—该部分基本指标分析系数

如果资产负债率≥100％，则指标得 0 分。其他情况按照规定的公式计算。

如果盈余现金保障倍数分子为正数，分母为负数，单项修正系数确定为 1.1；如果分子为负数，分母为正数，单项修正系数确定为 0.9；如果分子分母同为负数，单项修正系数确定为 0.8。

如果不良资产比率≥100％，或分母为负数，单项修正系数确定为 0.8。

对于营业利润增长率指标，如果上年主营业务利润为负数，本年为正数，单项修正系数为 1.1；如果上年主营业务利润为零，本年为正数，或者上年为负数，本年为零，单项修正系数确定为 1.0。

如果个别指标难以确定行业标准，该指标单项修正系数确定为 1.0。

（4）对财务表现进行评分，从而得出评估的结论。在得出财务表现的定量评价分数后，有必要对这些定量评价进行详尽的分析，以识别企业经营管理中的弱点，并据此得出评估结果。

2. 管理业绩定性评价方法

管理业绩的定性评估是基于综合分析判断法的理念，根据企业在评估期间的管理绩效和其他相关因素的真实状况，参照管理业绩的定性评价标准，对企业的管理绩效指标进行深入的分析和评估，从而确定相应的评分。它的基础操作步骤如下：

（1）收集整理相关资料。为了对企业的管理绩效有更深入地认识，我们可以采用问卷调查和访谈等多种手段，全面搜集并仔细整理与管理绩效评估相关的资料。在进行管理业绩的定性评估时，财务业绩的定量评价结果被视为关键的参考资料之一。

（2）参照管理业绩定性评价标准，分析企业管理业绩状况。

（3）对各项指标评价计分。管理业绩定性评价指标的计分一般通过专家评议打分完成（聘请的专家通常不少于7位）。评审专家在深入了解企业管理绩效的基础上，应参照评价的参考指标，运用综合分析判断法，对企业的管理绩效指标进行深入的分析和评价，确定各项指标的水平和档次，并直接给出相应的评价分数。其计算公式如下：

$$\text{管理业绩定性评价指标分数} = \sum \text{单项指标分数}$$

$$\text{单项指标分数} = \frac{\sum \text{每位专家给定的单项指标分数}}{\text{专家人数}}$$

（4）计算出管理绩效的评价分数，并据此生成评估结果。在进行管理绩效的定性评估工作时，最终步骤是对管理绩效的定性评价指标得分进行汇总，从而得出定性的评价结论。

3. 计算综合业绩评价分值，形成综合评价结果

依据财务表现的量化评估和管理绩效的定性评估，按照预先设定的权重和评分机制，计算出整体业绩评价得分，并在考虑到各种相关因素后进行相应调整，从而得出企业的综合业绩评价分数。

综合评价结果是根据企业综合业绩评价分值及分析得出的评价，结论分为优（A）、良（B）、中（B）、低（D）和差（E）五个等级。评价级别是对每种类型再划分次级，以体现同一评价类型的差异，采用字母和在字母右上端标注“＋＋”“＋”“－”的方式表示。

五、业绩评价报告

业绩评估报告是基于业绩评估的结果而制定的，它展示了被评估企业的业绩情况，并由报告的主体和附录组成。综合评估报告的主体内容应涵盖评估的目标、依据和方法、评估的流程、评估的成果和结论，以

及需要进一步阐述的关键事宜。

业绩评估报告的附录应涵盖企业经营表现的分析报告、评估结果的得分表、问卷调查的结果分析、专家咨询的报告、评估的基础数据以及调整的情况等。

参考文献

[1] 陈婧超. 财务共享与会计转型 [M]. 北京：新华出版社，2021.

[2] 丁丽莉. 财务管理：专业教学基础与案例分析研究 [M]. 秦皇岛：燕山大学出版社，2020.

[3] 董艳丽. 新时代背景下的财务管理研究 [M]. 长春：吉林人民出版社，2019.

[4] 高云进，董牧，施欣美. 大数据时代下财务管理研究 [M]. 长春：吉林人民出版社，2021.

[5] 郭炜. 高级财务管理 [M]. 武汉：华中科技大学出版社，2024.

[6] 韩军喜，吴复晓，赫丛喜. 智能化财务管理与经济发展 [M]. 长春：吉林人民出版社，2021.

[7] 刘春姣. 互联网时代的企业财务会计实践发展研究 [M]. 成都：电子科技大学出版社，2019.

[8] 刘蕾. 企业财务风险管理与内部控制 [M]. 哈尔滨：东北林业大学出版社，2025.

[9] 律素华. 新时代财税研究与实践 [M]. 北京：经济日报出版社，2023.

[10] 马崇明，杨俏文，陈淑扬，等. 高级财务管理 [M]. 成都西南财经大学出版社，2020.

[11] 彭克辉，陈丽苹. 财务管理理论与实践研究 [M]. 延吉：延边大学出版社，2023.

[12] 乔春华. 高校财务治理研究 [M]. 南京：东南大学出版社，2021.

[13] 唐莉，臧黎霞，孙雪梅. 财务共享构建与管理实践 [M]. 长春：

吉林人民出版社，2022.
[14] 唐漫江，马琳，杨园园．政府会计制度下事业单位财务管理研究［M］．北京：中国财富出版社，2024.
[15] 王曼，辜子芮，王启玲．现代经济管理与会计实践研究［M］．北京：经济日报出版社，2024.
[16] 王培，高祥，郑楠．财务管理［M］．北京：北京理工大学出版社，2018.
[17] 王迁邵，晋保红．财务管理与会计实践探索［M］．长春：吉林人民出版社，2022.
[18] 王晓丽，孟秀蕊．大数据时代预算管理理论与创新实践研究［M］．长春：吉林人民出版社，2021.
[19] 王雅．财务管理理论与实践研究［M］．北京：中国纺织出版社有限公司，2023.
[20] 吴朋涛，王子烨，王周．会计教育与财务管理［M］．长春：吉林人民出版社，2019.
[21] 吴文中，平含钰．财务管理与会计实践研究［M］．成都：电子科技大学出版社，2017.
[22] 谢飞．基于业财融合的高校资产与财务一体化管理理论与实践研究［J］．中国电子商情，2024（2）：67－69.
[23] 熊一心．高校财务管理的理论与实践研究［M］．北京：中国原子能出版社，2022.
[24] 杨建勇．财务会计信息化理论与应用研究［M］．长春：吉林人民出版社，2023.
[25] 于艳．企业财务管理实践应用［M］．北京：中国纺织出版社有限公司，2019.
[26] 袁健，陈俊松，李群．财务会计精细化管理工作与实践［M］．长春：吉林人民出版社，2022.
[27] 张国铭．财务危机管理理论与实践研究［M］．长春：东北师范大

学出版社，2020.
[28] 张丽，赵建华，李国栋. 财务会计与审计管理 [M]. 北京：经济日报出版社，2019.
[29] 张士平. 职业院校管理创新实践研究 [M]. 长春：吉林人民出版社，2022.
[30] 赵慧颖，张晓东. 高校财务内部控制与绩效管理研究 [M]. 长春：吉林人民出版社，2023.